Antº Gaudí

Maria Antonietta Crippa

Antoni Gaudí
1852–1926

De la nature à l'architecture

TASCHEN
KÖLN LONDON LOS ANGELES MADRID PARIS TOKYO

Illustration page 2 ► Le jeune Antoni Gaudí
Illustration page 4 ► Esquisse de Gaudí pour les dalles hexagonales utilisées pour le pavement de certaines pièces de la Casa Milà et, par la suite, de la partie du trottoir situé devant l'immeuble

Hohenzollernring 53, D-50672 Köln
www.taschen.com

Directeur de collection ► Peter Gössel
Coordination du projet ► Swantje Schmidt
Conception et mise en page ► Gössel und Partner
Coordination éditoriale ► Susanne Klinkhamels, Christiane Blass
Traduction ► Dominique Reviller

Printed in Germany
ISBN 3-8228-2520-4

Sommaire

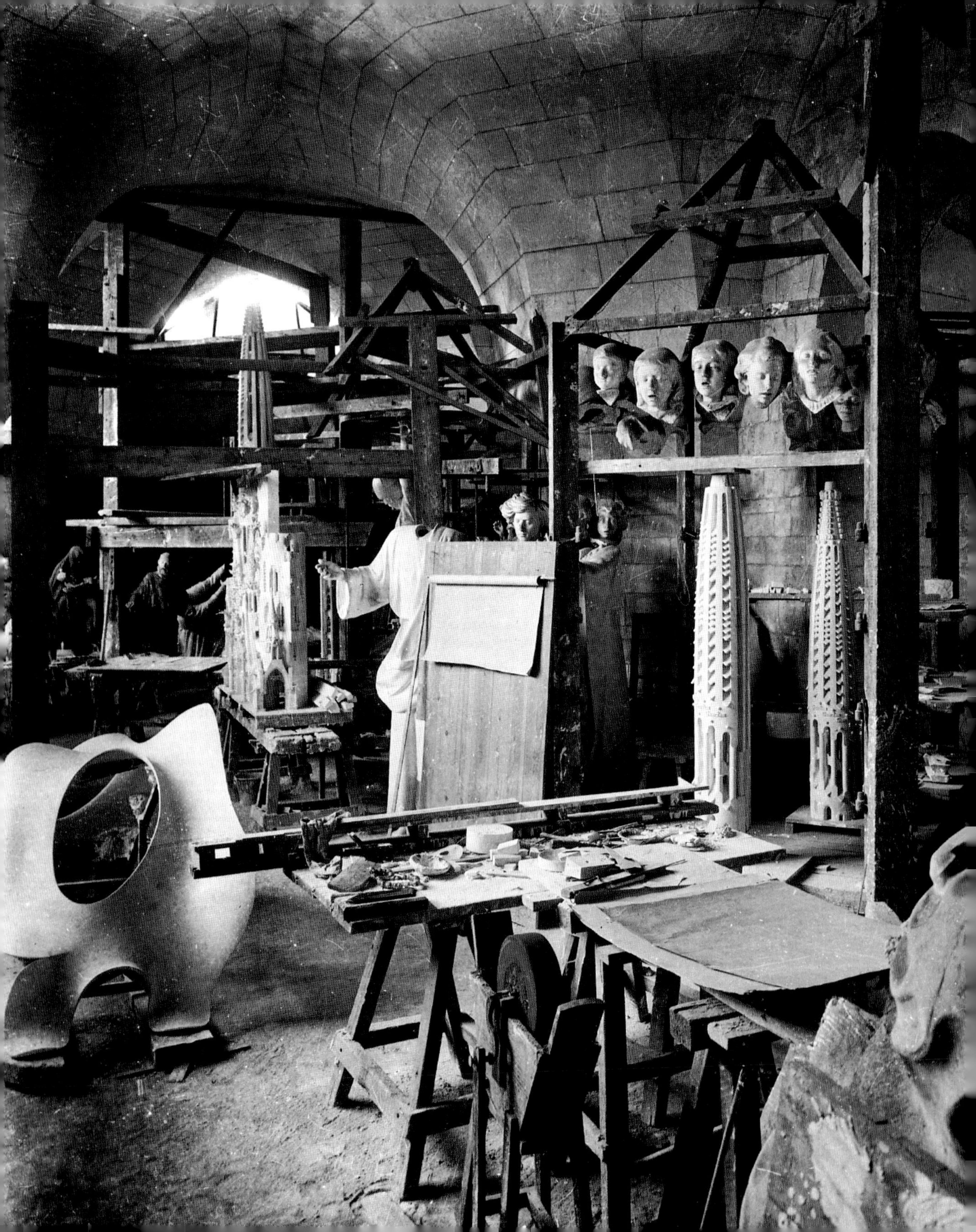

Introduction

Version définitive du modèle en plâtre de la Sagrada Família, reconstruit à partir des fragments retrouvés intacts après l'incendie de 1936

Page de gauche:
L'atelier de Gaudí sur le chantier de la Sagrada Família, où l'on peut voir des modèles de parties de l'église réalisés à différentes échelles

Lorsque Antoni Gaudí naît, en 1852, à Reus, une localité proche de Barcelone, la Catalogne connaît une phase de transformation de ses modes de vie. La révolution industrielle modifie à la fois les anciennes structures sociales et les théories urbaines. Le changement des méthodes de production industrielle mené par la bourgeoisie donne lieu à une croissance urbaine rapide qui nécessite la conception de nouvelles typologies immobilières (en particulier résidentielles et commerciales), à l'invention de nouveaux moyens de transport, comme le train et le bateau à vapeur, et enfin à l'abandon presque total du monde agricole traditionnel.Certes, la Catalogne, face à ces bouleversements, semble à la traîne par rapport à d'autres zones de l'Occident européen et américain. Elle est, par contre, largement pionnière au regard du reste de la péninsule ibérique. Ses traits de culture paysanne, en particulier l'unité de la structure familiale, vont demeurer vivaces encore longtemps. Cependant des relations dynamiques entre les divers éléments du corps social se développent rapidement et offrent un contraste saisissant avec la lenteur bureaucratique de Madrid, la capitale, une ville de dimension encore modeste.

En 1851, la première Exposition Universelle des meilleurs produits industriels du monde entier a lieu à Londres. Elle se déroule dans un bâtiment construit spécialement pour l'occasion: une serre préfabriquée et complètement transparente, d'où son nom de «Crystal Palace». Cet édifice est l'œuvre géniale de Joseph Paxton. Les technologies de pointe et leurs produits sont confrontés à l'intérieur de ce bâtiment de verre et de fonte. Ils sont exposés avec les objets artisanaux les plus raffinés réalisés dans les différents continents, colonies comprises. On y constate que l'équilibre qui devrait prévaloir dans la présentation des productions technologique et artisanale n'est que factice, au détriment des produits artisanaux. Ce sont en effet la production en série et les machines servant à la fabrication d'objets d'usage courant qui suscitent un intérêt toujours croissant. L'engouement pour le progrès et ses résultats n'est pas encore partagé par tous. Nombreux sont ceux qui s'y opposent farouchement au nom de la valeur unique des œuvres d'art et de la richesse à la fois humaine et technique que le monde artisanal a protégées et valorisées pendant des siècles.

A ce moment, les modes de vie ancestraux de la classe populaire se désagrègent rapidement sous l'effet de l'innovation et de l'utilisation décidée et parfois excessive de nouveaux moyens de production. Au milieu du 19e siècle, innovateurs et conservateurs s'opposent, parfois de manière violente et polémique, dans chaque domaine. A cette époque et en quelques années, de nombreux artisans et paysans deviennent des ouvriers. Ouvriers, par ailleurs extrêmement pauvres, qui ne sont plus détenteurs d'une capacité de travail personnelle et irremplaçable. Leur culture, leur conscience religieuse et civique s'en trouvent ébranlées. La société traditionnelle, sédentaire et socialement stable, majoritairement paysanne, va progressivement être remplacée par une société dynamique, ouverte, progressiste.

Dans un tel climat, les artistes sont également touchés par les bouleversements sociaux et culturels que ces transformations entraînent. A la fin du siècle, s'annoncent les avant-gardes artistiques qui vont mettre à mal la figuration, les sujets et les techniques traditionnelles. Ce processus est favorisé par l'invention de la photographie et du cinématographe, moyens d'expression artistique d'un monde nouveau, reproductibles à l'infini et capables d'émouvoir un très grand nombre de personnes lors de spectacles au pouvoir de communication efficace et immédiat. En peinture, des confréries d'artistes se constituent, comme celle des Préraphaélites fondée par Dante Gabriel Rossetti. En architecture, on se soucie de la conservation ou de la restauration des cathédrales du Moyen Age ainsi que de l'orientation morale des projets nouveaux, marqués à cette période par une tendance à l'éclectisme.

Projet en aquarelle, dessiné par Gaudí durant ses études, et daté du 22 octobre 1877, pour un vaste hall d'université

Dans les «Sept lampes de l'architecture», publié en 1849, le critique anglais John Ruskin invite ses contemporains à résister à la dégradation à la fois humaine et esthétique provoquée par l'urbanisation trop rapide de la classe paysanne. En 1854, Eugène-Emmanuel Viollet-le-Duc, architecte et historien de l'architecture, publie le «Dictionnaire raisonné d'architecture française du XIème au XVIème siècle». Cette œuvre encyclopédique montre la fascination de l'auteur pour l'audace rationnelle et expérimentale des bâtisseurs de cathédrales. Les écrits de Ruskin et de Viollet-le-Duc circulent rapidement en Europe et en Amérique et deviennent aussitôt le vademecum des jeunes architectes et ingénieurs qui, très concrètement, doivent trouver des solutions adaptées aux nouvelles exigences urbaines et aux problèmes de logement.

Alors que les combats sur l'avenir politique du pays font rage, la volonté d'accorder rapidement aux spécificités culturelles de l'identité catalane une place importante se développe chez ceux qui réclament une autonomie, à la fois politique et régionale, par rapport à Madrid. Les partisans enthousiastes de ce mouvement sont nombreux et ces personnalités de premier ordre sont issues de divers milieux: politique, industriel, religieux. Une telle situation offre aux jeunes étudiants de formidables opportunités de travail et d'ascension sociale, au service d'un idéal d'appartenance dont ils sont amenés à célébrer le passé et à valoriser le contenu culturel contemporain.

Lorsqu'en 1869, le jeune Antoni Gaudí arrive à Barcelone avec son frère Francesc qui vient commencer ses études de médecine, cette ville connaît déjà les phénomènes de développement industriel et de transformation sociale, et les débats culturels et artistiques évoqués plus haut. En septembre de cette même année, l'Espagne est le théâtre d'une révolte sociale et d'une révolte républicaine qui conduisent à la chute de la reine Isabelle II. Les deux jeunes gens sont rejoints par leur père qui, pour financer leurs études, vend quelques propriétés de famille. Les trois hommes viennent de l'arrière-pays, de la petite ville de Reus, non dépourvue d'ailleurs d'une certaine vie culturelle. Le père de Gaudí est un artisan chaudronnier, comme ses parents et ceux de sa femme. Jusqu'à son adolescence, Antoni passe beaucoup de temps dans l'atelier familial et y admire les volumes massifs des casseroles et les formes délicates des alambics qu'on y fabrique. L'élaboration de ces objets marque profondément son imagination, l'orientant vers une capacité peu commune de perception et de représentation mentale des volumes tridimensionnels. Son caractère réfléchi et pensif, exacerbé par des maladies rhumatismales précoces, en fait par ailleurs un observateur attentif de la nature, de la forme des arbres, des fleurs et des animaux. Dès l'école primaire, il manifeste un goût prononcé pour le dessin et un intérêt pour l'architecture.

Afin d'entrer à l'Ecole provinciale d'Architecture, créée en 1870 et transformée en 1875 en Ecole officielle, Gaudí s'inscrit à des cours préparatoires à la Faculté des Sciences. En 1873, année où il devient élève architecte, la première République est proclamée à

Madrid, une expérience qui prendra fin l'année suivante avec le coup d'Etat du général Pavía qui rétablit la monarchie. Le jeune étudiant observe les remous de la vie politique, y compris à travers les positions que peuvent adopter les professeurs de l'Université. En 1878, les dix premiers architectes catalans sortent diplômés de l'Ecole et l'année suivante quatre autres leurs succèdent, dont Antoni Gaudí. La ville de Barcelone dont les murailles avaient été abattues en 1854, se voit appliquer en 1859 un plan d'urbanisation élaboré par l'ingénieur Ildefons Cerdà et appelé «Eixample». Mis en œuvre dès 1860, ce projet vise à une croissance de la ville rationnelle, égalitaire et efficace, sans fixation de limites, selon une urbanisation en échiquier, définie au moyen d'études démographiques, de circulation et de répartition des services primaires et secondaires.

Les jeunes architectes suivent un enseignement à la fois technique et scientifique, artistique, historique et archéologique, un enseignement qui doit amener la création d'un nouveau corps professionnel. Ces diplômés doivent en effet se distinguer tant des «maestros de obras», les experts en construction et maîtres de chantiers, que des architectes académiques venant des Ecoles des beaux-arts. Il est demandé à ces nouveaux architectes de participer, par la restauration d'églises, de couvents et de palais, au développement de l'identité catalane et de valoriser l'expansion rapide de la ville par la construction de bâtiments publics imposants, monumentaux et solennels. Les projets de Gaudí pendant ses études nous le confirment: embarcadère, fontaine monumentale pour la Plaça de Catalunya à Barcelone, hôtel de ville, salle de bal et de rendez-vous pour l'Université.

Pendant ces années de formation, Gaudí partage avec nombre de Barcelonais cultivés une fascination pour Paris. La capitale de la Catalogne est consciente de la prééminence parisienne en matière artistique sur le reste de l'Europe et du monde entier, mais aussi de sa forte propension à la rationalité. Les Barcelonais sont également sensibles aux influences d'outre-atlantique, principalement des Amériques, vers lesquelles ils n'ont pu émigrer qu'à la fin du 18e siècle. Leur exode vers les colonies fut alors massif et Cuba leur destination privilégiée. De cette île, certains rapportèrent des fortunes colossales et une vitalité propre à ses habitants. Ils avaient «Paris comme idéal assumé et La Havane comme modèle inconscient» pour reprendre l'expression d'Eduardo Mendoza.

La modernisation complexe de Barcelone est ainsi stimulée par ces deux modèles qui accentuent le dynamisme, l'ouverture, l'intérêt pour l'art et la conviction de ses habitants de posséder une culture propre, opposée à celle de Madrid. C'est de cette alliance entre deux cultures, que dans la seconde moitié du 19e siècle, apparaissent des entrepreneurs ayant un monopole sur certains marchés nationaux, des hommes dynamiques, cultivés et parfois même des mécènes prodigues. Le plus important de ces personnages, Eusebi Güell i Bacigalupi, rencontre à cette époque le génie architectural de Barcelone, Antoni Gaudí, alors à ses premières armes. Lorsque l'Exposition Universelle de 1888 impose Barcelone sur la scène mondiale, Güell et Gaudí partagent déjà les mêmes idéaux politiques et sociaux.

Le premier édifice de Gaudí bâti dans le cœur de la vieille ville de Barcelone, le Palau Güell, est inauguré officiellement la même année. A cette époque, l'architecte est désormais un professionnel reconnu et recherché par la haute bourgeoisie. Etant en outre, depuis 1883, à la tête du chantier de la Sagrada Família, il compte, parmi ses relations, quelques-uns des prélats les plus puissants d'Espagne. Bien qu'à ses dé-

Réverbère en fonte à six lanternes réalisé d'après un dessin de Gaudí, pour l'éclairage de la Plaça Reial à Barcelone (1878–1879)

buts, sa quête de justice sociale et ses origines modestes l'aient incité à se rapprocher d'expériences coopératives ouvrières, son alliance avec Eusebi Güell oriente progressivement son parcours, à la fois personnel et professionnel, vers l'affirmation de l'identité catalane, sa tradition et, simultanément, sa modernité.

Sa vie personnelle nous est encore peu connue. Plus que celle de l'homme, c'est l'existence de l'architecte qui domine. La seule anecdote marquante est un moment de crise, peut-être d'origine religieuse, lorsque à quarante et un ans, en 1893, il se soumet, lors du Carême, à un jeûne si sévère qu'il met ses jours en danger.

Une fois ses études achevées, Gaudí ouvre son propre studio à Barcelone près de la Plaça Sant Jaume. Sa première commande importante lui est confiée, en 1878, par la Cooperativa La Obrera Mataronense, une usine de production textile, la première entreprise espagnole gérée par des ouvriers. Dès 1879, il se fait connaître de la bourgeoisie barcelonaise grâce à son projet pour l'aménagement d'une pharmacie située Passeig de Gràcia, pour Joan Gibert i Saler, parent de la famille Güell. Dessinateur habile, Gaudí se voit confier l'aménagement intérieur d'églises et de chapelles de couvent et, rapidement, pour ces mêmes qualités, des commandes publiques. Ainsi, en 1880, il dessine, avec son ami l'ingénieur José Sarramalera, les lampadaires monumentaux qui bordent, à Barcelone, la promenade de la Muralla de Mar.

N'ayant pas de chantiers de grande envergure, il collabore également avec son professeur Joan Martorell i Montells. Pour lui, il projette, en 1882, l'église du monastère de l'Esprit Saint à Cuevas de Almanzora (Almería) dans un style néogothique et deux autres églises barcelonaises, l'une pour les Salésiens et l'autre pour les Jésuites. Il élabore également un autre projet néogothique, non réalisé, pour la façade de la cathédrale de Barcelone. Toujours la même année, il projette enfin un pavillon de chasse à El Garraf, sur la côte méditerranéenne, pour le comte Eusebi Güell qui avait été frappé par le talent de Gaudí devant la vitrine que ce dernier avait réalisée, pour des articles en fourrure, à l'occasion de l'Exposition Universelle de Paris en 1878.

Cinq ans seulement après avoir obtenu son diplôme, en 1883, Gaudí est déjà à la tête de trois grands chantiers qui le placent incontestablement parmi les architectes catalans les plus importants. C'est cette année que commence la construction de deux maisons de maître, Casa Vicens à Barcelone et Villa El Capricho à Comillas (Santander) et qu'il reçoit la charge d'architecte en chef du chantier de la Sagrada Família. Ce dernier bâtiment, dont la première pierre a été posée en 1882, est un monument expiatoire dont l'édification a été voulue par l'Associació Espiritual de Devots de Sant Josep (Association des dévots de saint Joseph) qui vise à propager les théories sociales catholiques dans le milieu ouvrier catalan. Cette confrérie fut fondée lors du concile Vatican I, en 1869/70, suite à la proclamation de saint Joseph comme patron de l'Eglise catholique. L'initiative de ce chantier revient à l'éditeur Josep Maria Bocabella, qui avait acheté à la périphérie de Barcelone un vaste terrain et créé un comité directeur – la Junta Constructora del Temple – pour superviser la réalisation de l'édifice.

L'architecte Francesc de Paula Villar i Lozano, directeur de l'Ecole provinciale d'Architecture et membre de l'Académie des beaux-arts, offre généreusement son projet d'inspiration néogothique. Pourtant, à la suite d'un désaccord entre Villar et Martorell, qui est membre de la Junta del Temple, le premier donne sa démission. Martorell propose alors de confier le chantier à son jeune collaborateur de trente et un ans, déjà reconnu pour son talent. La commande est faite à Gaudí le 3 novembre 1883 et, dès avril 1884, ce dernier signe un premier contrat. Selon les volontés de ses promoteurs,

Gaudí explique à Mgr Ragonesi, nonce apostolique, et à Mgr Roig, évêque de Barcelone, les travaux en cours sur le chantier de la Sagrada Família. Photographie de 1915

respectées encore aujourd'hui, l'église doit être bâtie uniquement grâce à des donations faites à l'Associació Espiritual de Devots de Sant Josep. Ces donations, au début du chantier peu nombreuses, contraignirent Gaudí à respecter, dans un premier temps, les plans de Villar. Parallèlement, en 1883, le comte Eusebi Güell confie à Gaudí l'aménagement d'une de ses propriétés, Finca Güell, le siège actuel de la Reial Càtedra de Gaudí. Le projet architectural de Gaudí et sa réalisation font de Finca Güell, célèbre pour sa grille-dragon en fer forgé, une métaphore du jardin des Hespérides, célébré dans le poème épique du prêtre catalan Jacint Verdaguer, «L'Atlàntida».

Les réalisations de Gaudí citées jusqu'à présent ne faisaient pas alors partie de l'enceinte communale de Barcelone. Et ses œuvres suivantes non plus: le Col·legi de les Teresianes, l'achèvement et la restructuration d'un bâtiment déjà en construction, commandé en 1889, par le père Enric d'Ossó i Cervelló, prêtre fondateur de la Congrégation de sainte Thérèse d'Avila, se trouvait dans la commune voisine de Sant Gervasi; et les autres chantiers qu'il dirige sont ceux du Palais épiscopal d'Astorga (1889–1893) et de la Casa Fernández y Andrés, dit aussi de los Botines (1891–1894), à León, pratiquement au même moment.

C'est à l'achèvement du chantier de Palau Güell, situé au cœur de la vieille ville, entre 1888 et 1890 que les premiers débats éclatent entre amateurs passionnés et opposants farouches de l'architecture de Gaudí. En 1888, à l'occasion de l'Exposition Universelle de Barcelone, les architectes membres du mouvement de la Renaixença participent à la réalisation des différents pavillons et exposent leurs propres projets. C'est le président de l'Ecole d'architecture de la ville, le professeur Elies Rogent qui est en charge des travaux nécessaires à cette exposition. Gaudí reçoit du maire la commande de la décoration du Saló de Cent et de l'escalier d'honneur de la Mairie mais celle-ci n'aboutira pas. Il est cependant présent à l'Exposition à la fois par ses dessins d'architecture exposés dans la section artistique et, dans la section maritime, par le pavillon de la compagnie Transatlantique que lui a commandé le marquis de Comillas.

C'est cette même année, en 1888, que l'on peut situer la transformation esthétique de son œuvre: celle-ci majoritairement éclectique devient délibérément moderniste. Gaudí apporte alors sa touche personnelle au modernisme catalan, une variante du mouvement artistique qui se développe dans tout l'Occident entre la fin du 19ᵉ et le début du 20ᵉ siècle, avec certes des spécificités régionales mais pas dissonantes pour autant. Ce mouvement portera les appellations diverses d'Art nouveau, Jugendstil, Floreale, Sezession ou Liberty.

Le Modernisme catalan qui célèbre la réussite de la haute et moyenne bourgeoisie, son mode de vie raffiné et vise en même temps à une certaine représentativité de ses bâtiments publics, se matérialise au travers d'architectures, publiques et privées, monumentales, de forme et de couleur parfois exubérantes. Ce mouvement favorise le travail des artisans céramistes, serruriers et ébénistes de la région. Il mêle les théories historicistes et fait sien un savoir technologique et constructif novateur. Parmi les acteurs de ce mouvement figurent de nombreux architectes: Enric Sagnier (1858–1931), Josep Domènech i Estapà (1858–1917), Pere Falqués i Urpí (1850–1916), Bonaventura Bassegoda i Amigó (1862–1940), Cèsar Martinell i Brunet (1888–1973) et Josep Maria Jujol (1879–1949). Gaudí se distingue de ces architectes par l'attention qu'il porte à la nature et l'importance qu'il accorde à la géométrie, en tant qu'élément du savoir et outil de conception. Une telle différence le pousse à s'isoler, à restreindre son cercle d'amis et à s'éloigner d'une vie mondaine qui autrefois l'attirait et désormais l'agace. Entre

Un lutrin en fer forgé réalisé par Gaudí pour la Sagrada Familia

1890 et 1914, il réalise les édifices et les jardins que les chercheurs reconnaissent unanimement comme ses chefs-d'œuvre: la Casa Calvet encore un peu néo-baroque (1898–1900), la Casa Batlló, bariolée et joyeuse (1904–1906), et la Casa Milà, plastique et compacte (1906–1910), située Passeig de Gràcia à Barcelone; la Villa Bellesguard édifiée dans une zone historique à la périphérie de la ville (1900–1905); le Parc Güell, une singulière cité-jardin voulue par son commanditaire et devenue rapidement un jardin public (1900–1914); le réaménagement de la cathédrale de Palma de Majorque (1903–1914), la crypte de l'église du village ouvrier, Colònia Güell (1898–1915) à Santa Coloma de Cervelló; les Escoles de la Sagrada Família (1909).

Dans ces projets, comme d'ailleurs sur le chantier de la Sagrada Família, sa vision moderniste se transforme rapidement en une démarche organiciste originale qui n'a pas d'équivalent dans la culture occidentale de l'époque. Une telle orientation organique et naturaliste s'empare du langage formel et structurel de l'architecture et utilise au mieux les capacités expressives des techniques de construction catalanes traditionnelles. Celles-ci donnent à Gaudí l'occasion d'explorer des formes géométriques très présentes dans la nature et peu utilisées jusqu'alors dans le langage architectural. L'architecte part toujours d'un modèle en trois dimensions réalisé en plâtre, en bois ou à l'aide de cordelettes et de sacs remplis de plomb, avec des toiles pour simuler les surfaces. Ce modèle est l'instrument principal pour l'élaboration de ses idées. Le dessin est certes important mais Gaudí, comme il le dit à ses élèves, projette directement les formes dans l'espace.

Durant toute sa vie professionnelle, il explore avec une grande originalité deux thèmes de recherche. Progressivement il complète ses connaissances en matière de géométrie. Il consulte pendant ses études, à la bibliothèque de l'Université, les traités des ingénieurs et des architectes qui décrivent les avantages mécaniques de la courbe continue en chaînette, une courbe utilisée jusqu'alors par les ingénieurs dans les projets de ponts suspendus. Ignorant toute objection d'ordre esthétique, il utilise cette technique de diverses manières en architecture, de même que l'ellipse et l'hyperbole. Ainsi, pour obtenir cette courbe de manière parfaite, il fera s'incliner les piliers de ses dernières constructions.

Rapidement il passe de formes géométriques planes à des constructions spatiales. Il assujettit alors le modelé architectural à la configuration de superficies en volume, formées uniquement de lignes droites, que les mathématiciens appellent superficies rayées. Après quelques tentatives, ses réalisations assument des formes toujours plus complexes, car il trouve le moyen de les réaliser grâce à des méthodes de construction traditionnelles, peu coûteuses et simples. Il utilise des matériaux habituels et, plus particulièrement, des briques liées entre elles avec du mortier. Parmi les techniques séculaires qu'il réemploie, celle que Gaudí rend la plus célèbre est celle de la «bóveda tabicada», à savoir la réalisation d'une voûte par la superposition de plusieurs couches de briques, particulièrement résistantes et fixées par un mortier de plâtre.

Sa fonction de responsable de l'important chantier de la Sagrada Família le conduit à repenser l'ensemble de la culture architecturale et technique élaborée au fil des siècles quant à la construction des églises. Rapidement il se consacre de manière totale et entièrement désintéressée à l'achèvement de ce projet. Lors de problèmes économiques, qui le poussent à suspendre les travaux en 1914, il en vient même à demander l'aumône pour financer ce chantier. Dans les dernières années de sa vie, il refuse enfin tout autre projet et mène une vie modeste et retirée. Par l'intermédiaire

La maison du gardien au parc Güell

de modèles en plâtre et de dessins, son but est alors de mettre au point un projet d'achèvement progressif de l'église qui couvre environ deux cent ans. Il est constamment sur le chantier et c'est seulement le dimanche matin qu'il s'octroie une promenade au bord de la mer, en compagnie de jeunes architectes qui l'interrogent et transcrivent fidèlement ses propos sur la nature, la mer Méditerranée, la vie politique et sociale de la Catalogne, l'art et sa propre œuvre architecturale. Propos qui feront ensuite l'objet d'une édition.

Gaudí meurt le 10 juin 1926, à l'âge de soixante-quatorze ans, trois jours après avoir été renversé par un tramway. A ses funérailles, un grand nombre de catalans se pressent, conscients de rendre hommage, une dernière fois, à leur architecte le plus fameux.

Gaudí est parvenu en effet jusqu'aux significations profondes, écologiques de l'architecture. Il fut à la fois un homme respectueux des traditions et un précurseur. Il a su marquer l'ensemble de ses réalisations architecturales, qu'il s'agisse d'un seul bâtiment ou d'un paysage, d'une alliance indissoluble entre structure statique et forme architecturale, entre volume et décoration. Dans ses projets, une dynamique sacrée et pourtant profondément charnelle est manifeste, qui accroît encore leur dimension symbolique et populaire.

L'atelier de Gaudí à la Sagrada Família, en 1926

1883–1885 ▸ El Capricho

Comillas (Santander)

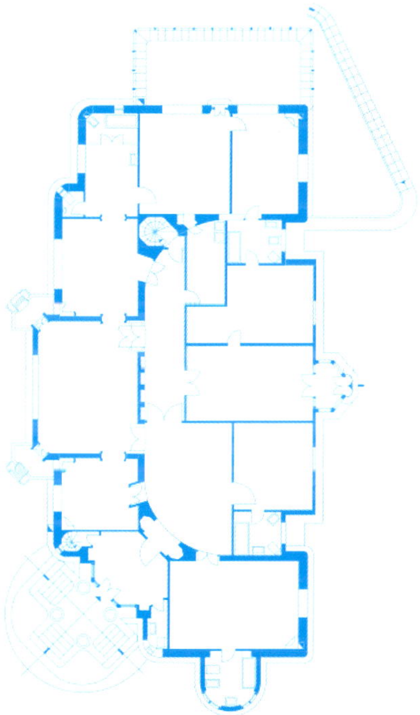

Plan du rez-de-chaussée de la villa
On remarque que les trois petits escaliers du portique sont placés en diagonale par rapport aux développements en longueur des murs.

Máximo Díaz de Quijano, beau-frère d'Eusebi Güell, nommé marquis de Comillas par le roi d'Espagne, confie à Gaudí le projet d'une résidence secondaire dans ce même village situé sur la côte, dans la province de Santander. Le bâtiment, à cause de son aspect original, a été surnommé «El Capricho». Il se trouve au cœur d'un bois de châtaigniers sur la pente d'une colline. Pour le construire, l'architecte dut tenir compte de la déclivité du terrain, exposé au nord, vers une vallée très verte qui descend progressivement en direction de la mer. Il donne à son projet une volumétrie en grande partie horizontale et l'oriente de manière à ce que la zone diurne s'ouvre sur la vallée, en renforçant les fenêtres par un double vitrage.

Il fait reposer en partie le bâtiment sur une base plane obtenue par arasement du terrain. Ce même terrain est contenu au moyen d'un mur haut et solide dont Gaudí se sert, dans la partie du jardin située derrière la maison, pour délimiter un espace de repos. Les murs extérieurs du volume compact qu'offre la villa sont richement décorés selon un axe horizontal. Leur base est soulignée, dans la façade principale, par un bossage très prononcé en pierre dont la couleur varie du jaune ocre au gris. Au rez-de-chaussée, la façade présente une alternance de bandeaux en brique, eux aussi de couleur changeante et de rangées de carreaux de majolique dont la plupart sont ornés de feuilles et de fleurs de tournesol.

La répartition des pièces place, au sous-sol, les cuisines et les pièces réservées au service, au rez-de-chaussée, des grands salons et un fumoir recouvert de fausses petites voûtes en stuc de style arabe, et dont les murs sont recouverts, en bas, de carreaux de céramique peinte, en haut, de papier mâché. Construite pour accueillir de nombreux invités, cette villa dispose d'une suite de chambres à coucher avec salle de bains attenante, toutes reliées, par un vaste couloir, à un salon central s'ouvrant sur les deux étages et qui constitue la pièce névralgique et le joyau de la demeure.

Les travaux n'ont pas été supervisés par Gaudí mais par son compagnon d'études, l'architecte Cristóbal Cascante i Colom (1857–1889), sur la base d'un modèle minutieusement réalisé par le maître.

Détails des caissons en bois portant des motifs en bronze en forme de cabochon et de blason

Page de gauche:
La villa dans la châtaigneraie de Comillas
Au premier plan, le portique d'entrée et la tour-belvédère.

1883–1887 ▸ Finca Güell

Avinguda de Pedralbes, 7, Barcelone

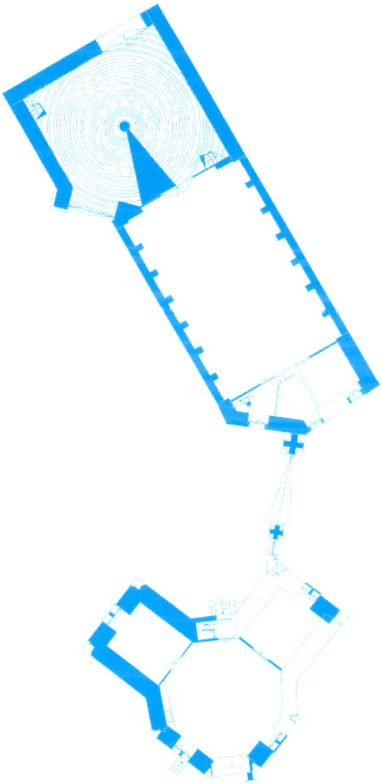

Plan du rez-de-chaussée des deux pavillons de la Finca Güell: la maison du gardien, composée de trois volumes, et l'écurie avec le manège

Page de gauche:
Pavillon de la Finca Güell donnant sur l'Avinguda de Pedralbes

Eusebi Güell hérite, de son père, de nombreuses zones agraires situées sur une colline à la périphérie de Barcelone, nommée à cette époque Les Corts de Sarrià. Sur ce terrain, l'architecte Joan Martorell i Montells bâtit une vaste demeure de style caraïbe qui évoque les pays où la famille Güell s'est enrichie avant de revenir en Espagne, à savoir Cuba et la République dominicaine. Eusebi Güell achète alors d'autres terrains proches de cette vaste propriété avant de confier, en 1883, à Gaudí le soin de repenser complètement le parc jusqu'alors dessiné à la française et d'intégrer de nouvelles constructions: une maison pour le gardien et un bâtiment devant abriter une écurie et un manège de chevaux. Dans le parc réaménagé selon le goût romantique, l'architecte fait planter de nombreuses espèces méditerranéennes: des pins, des eucalyptus, des magnolias, des cyprès et des palmiers. Il y installe également deux fontaines et une treille. La majeure partie du parc et la demeure caraïbe seront ensuite cédées, par le fils d'Eusebi, à la Couronne d'Espagne qui les modifiera pour en faire sa résidence barcelonaise, connue sous le nom de Palau de Pedralbes, siège actuel du prestigieux musée communal de la Céramique.

Devant le jardin s'étendent sur toute la longueur de la propriété les deux Pavellons de la Finca Güell – la maison du gardien et l'écurie avec son manège – reliés entre eux par la double porte d'entrée principale, l'une pour les piétons, l'autre destinée aux véhicules. La propriété, qui conserve encore son enceinte originale en brique dispose de deux entrées secondaires sur l'Avinguda de Pedralbes et la Carrer George R. Collins.

Sur le côté gauche, pour qui regarde la propriété depuis la rue, se trouve l'habitation du gardien qui a un plan en L, avec deux ailes de mêmes dimensions. Elle est composée de trois volumes: au centre, un octogone qui abrite une grande pièce surmontée d'une coupole à arcs hyperboliques construits selon la technique catalane; de chaque côté, deux espaces cubiques plus petits dans lesquels, au rez-de-chaussée, ont été aménagées des pièces couvertes de petites voûtes reposant sur des solives et, au premier étage, des chambres avec un plafond à voûte hyperboloïde. Une telle coupe permet le développement, au sommet, d'espaces résiduels servant à la ventilation de l'espace et revêtus à l'extérieur de céramique colorée.

Le mélange réalisé ici par le grand architecte entre les composantes structurales et statiques et les différents schémas décoratifs des murs est particulièrement intéressant. La terre crue est un matériel peu onéreux, aux propriétés thermiques reconnues, et largement utilisé, jusqu'alors, dans les bâtiments ruraux de la péninsule ibérique. Gaudí, dans ce projet, s'en sert uniquement pour constituer un mur de colmatage. Les briques réalisées en argile cuite, avec leurs couleurs allant du rouge au jaune, sont placées, au contraire, par le maître aux endroits du mur soumis aux plus fortes poussées et aux angles de la construction. Elles sont laissées apparentes et assemblées avec des couches de mortier dans lequel sont incorporés des fragments de verre coloré. Les surfaces en terre crue sont, elles, recouvertes de petits blocs de béton préfabriqué qui dessinent, par l'alternance de demi-cercles et de petites sphères, une sorte de vague. Le couronnement des murs extérieurs de la maison est réalisé avec des briques d'argile cuite, rouge foncé, qui forment une crénelure prononcée. Celle-ci repose sur un encorbellement légèrement décalé du mur et dont l'épaisseur augmente progressivement. Grâce à ces astuces, Gaudí obtient, avec l'utilisation de matériaux simples et d'un langage stylistique proche de l'art mudéjar, un bâtiment dont la résistance aux changements climatiques est excellente. Il parvient également à un effet polychrome particulièrement intense sous la lumière. Sur le côté droit pour qui vient de la rue, et touchant celle-ci, se trouve, après un hall d'entrée et des pièces de services, l'écurie et le manège dont la base carrée est couverte d'une coupole dotée d'un lanternon. Ce second bâtiment est, comme la maison du gardien, réalisé avec plusieurs types de briques par des ouvriers venus exprès de la province de Lleida. L'écurie qui abrite aujourd'hui la bibliothèque de la Reial Càtedra de Gaudí est une salle de plan rectangulaire rythmée par la succession des arcs transversaux.

Finca Güell doit en grande partie sa célébrité à l'extraordinaire portail d'entrée en fer forgé. L'entrée piétonnière est en forme d'arc paraboloïde dont la partie supérieure en brique reprend le même motif que le mur qu'elle prolonge. La partie inférieure est en pierre. Avec le portail au dragon, Gaudí réalise un chef-d'œuvre de la sculpture en fer forgé, un matériau qu'il affectionne particulièrement. Comme la plupart de ses projets en fer, il le construit dans l'atelier du maître ferronnier Joan Oñós. Le dragon et l'arbre aux pommes d'or placé en haut du pilier sur lequel est attaché le portail, font des Pavellons de la Finca Güell une métaphore architecturale suggestive du mythe grec narrant le dernier travail d'Hercule, le vol des pommes d'or du jardin des Hespérides. Ce mythe est utilisé, à l'époque, par le prêtre et poète ami de Güell et de Gaudí, Jacint Verdaguer dans son poème épique, «L'Atlàntida». Ce livre où Verdaguer célèbre les origines mythiques et le glorieux destin du peuple catalan, est dédié au marquis de Comillas dont le prêtre était le guide spirituel.

Le mur extérieur de la maison du gardien
La bande en briques est percée de fenêtres, en forme d'arcs en chaînette. De chaque côté, le revêtement en plaques de béton au motif de demi-cercles recouvre la maçonnerie en brique crue.

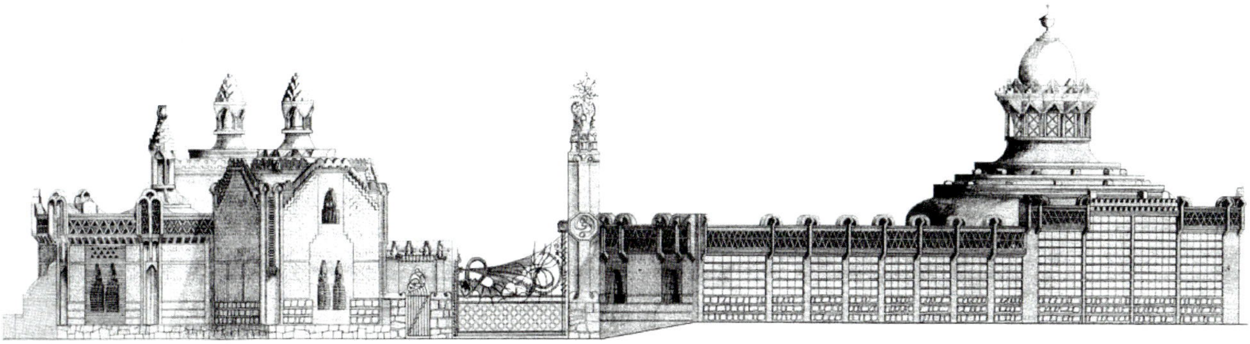

Vue latérale du complexe donnant sur l'Avinguda de Pedralbes, dessin
Au centre se trouve la grille en fer forgé représentant le dragon. Elle est fixée au pilastre au sommet duquel se trouve l'arbre aux pommes d'or, également en fer forgé.

Vue frontale de la grille en fer forgé qui ferme l'entrée des véhicules
Sa partie inférieure est un damier de petites bandes torses croisées en diagonale, à l'intérieur desquelles se trouvent des carreaux en fer. Dans la partie supérieure, le dragon aux ailes de chauve-souris et à la gueule béante.

B 5073CJ

1883–1888 ▸ Casa Vicens

Carrer de Les Carolines, 18–24, Barcelone

Plan du rez-de-chaussée de la maison

La première demeure que Gaudí projette est la Casa Vicens. Elle donne sur une rue étroite, agrandie par la suite et maintenant appelée Carrer de Les Carolines, dans le quartier de Gràcia qui fait aujourd'hui partie du territoire administratif du chef-lieu catalan. Le bâtiment, bien conservé encore aujourd'hui, dont le commanditaire, Manuel Vicens i Montaner, était agent de change, a été agrandi en 1925–1927 par un élève de Gaudí, l'architecte Joan Baptista Serra de Martínez. Ce dernier, lorsqu'il a modifié l'édifice et le jardin, a demandé conseil, à de nombreuses reprises, à son maître désormais âgé. De Gaudí, nous savons que les nombreux motifs floraux et végétaux, qui décorent cette maison, ont été repris des espèces poussant naturellement sur le terrain où la construction s'élève: «Lorsque j'allais prendre les mesures de cette propriété, elle était totalement recouverte de ces petites fleurs jaunes que j'ai utilisées comme thème décoratif dans les carreaux de céramique. J'y trouvai également un palmier foisonnant, dont les petites palmes, fondues en fer, remplissent les parties carrelées du portail et de la porte d'entrée de la maison.»

Dans ce projet, comme pour d'autres maisons bourgeoises isolées et entourées d'un jardin, Gaudí réalise l'un de ses désirs de jeunesse: une maison familiale pensée comme une nation en miniature, qui protège les deux aspects, intime et communautaire, de la vie de ses membres. Casa Vicens doit en effet assurer à ses habitants bien-être, hygiène, beauté et rapport permanent avec la nature. L'architecte commence aussi la recherche qui l'occupera tout au long de sa vie, pour obtenir, à l'intérieur du bâtiment, des conditions de ventilation et d'éclairage les meilleures possibles, grâce à d'astucieux filtres, entre intérieur et extérieur, de sa propre invention.

L'imposante bâtisse est un volume unique, isolé, aux façades monochromes et mobiles. Elle comporte trois étages. Le sous-sol abrite la cuisine et les pièces de service. Le rez-de-chaussée comprend un hall, une grande salle à manger richement décorée et ouverte sur une véranda exposée au sud, et un coin fumoir couvert de motifs d'inspiration musulmane, des muqarnas, qui forment une fausse coupole, et fermé par des panneaux vitrés sur lesquels sont gravés des feuilles de palmier. A l'étage supérieur se trouvent deux chambres à coucher aux parois recouvertes de crépi et avec des décorations à fresque qui reproduisent la végétation présente sur les rives du torrent voisin, le Cassoles.

Ce bâtiment a une structure porteuse simple en maçonnerie, et les poutres et les solives des planchers sont en bois. L'ossature constructive est l'outil qui permet l'articulation entre espace intérieur et espace extérieur et est complété par le schéma décoratif de style mudéjar très diversifié.

Gaudí conçoit avec minutie le moindre détail, il élabore personnellement chaque élément de la décoration, des meubles jusqu'aux portes coulissantes qui se dissimulent dans l'épaisseur des murs et même les remarquables serrures des armoires en laiton. L'ameublement de la grande salle à manger est conçu de façon à souligner l'espace, en réalisant une articulation variée et continue entre les meubles d'angle et ceux placés devant les murs. Au plafond, dans les espaces entre les poutres en bois, du papier

Page de gauche:

Les deux façades de la Casa Vicens vues de la Carrer de Les Carolines

Le projet d'inspiration mudéjar est encore enrichi par les couleurs vives du bâtiment. Dans la partie supérieure se détachent fortement les tours d'angle et la haute loggia continue. La grille et la partie supérieure de l'enceinte sont en fer forgé et déclinent une suite de panneaux dont le motif est une palmette.

mâché polychrome aux motifs de fruits et de feuilles d'arbousier complète la décoration. Les murs sont ornés, selon la méthode du graffito, de rameaux de lierre rampant.

La façade extérieure est ornée d'un ensemble de consoles et de corniches en briques qui reprennent une technique de construction mauresque. La tour d'angle donnant sur la rue, avec ses supports saillants qui s'agrandissent par paliers est particulièrement fine. Les saillies et les divers découpages des façades sont toujours soulignés par les couleurs multiples et savamment rythmées des briques, des pierres de taille, des céramiques disposées en échiquier et décorées de motifs floraux. Les diverses géométries et l'agencement des étages accentuent les jeux d'ombre et de lumière, notamment dans la partie supérieure de l'édifice où cet effet est poussé à son acmé. Au sommet des façades se trouve une galerie, autrefois fermée par des panneaux en bois de style oriental. Sur le toit, un chemin de ronde court sur l'ensemble de l'édifice. Il est agrémenté de sièges pour permettre des pauses, tant à ciel ouvert qu'à l'intérieur des tours d'angle.

La clôture de la propriété est constituée d'un mur en pierre surmonté d'une grille de fer forgé à motif de grandes feuilles de palmier. Le dessin de ces feuilles a été réalisé grâce à un moulage en terre cuite d'après nature. Gaudí installe cette demeure dans un vaste jardin romantique divisé en trois parties: la première de petite taille permet d'isoler la maison de la rue, la seconde placée devant la partie résidentielle est composée de plates-bandes entourées de palmiers, la troisième sur le côté est un jardin fruitier.

La salle à manger aux meubles en partie encastrés

Angle de la cheminée dans la salle à manger

Détail de la grille en fer forgé représentant des palmes

Ci-dessus:

Décoration et mobilier originaux de la salle de séjour de la Casa Vicens

A gauche:

Le jardin de la Casa Vicens, après 1925

Au premier plan, une chapelle de forme circulaire derrière laquelle s'élève la structure rectangulaire qui abritait la cascade. Toutes deux ont été détruites.

1886–1890 ▸ Palau Güell

Carrer Nou de la Rambla, 3–5, Barcelone

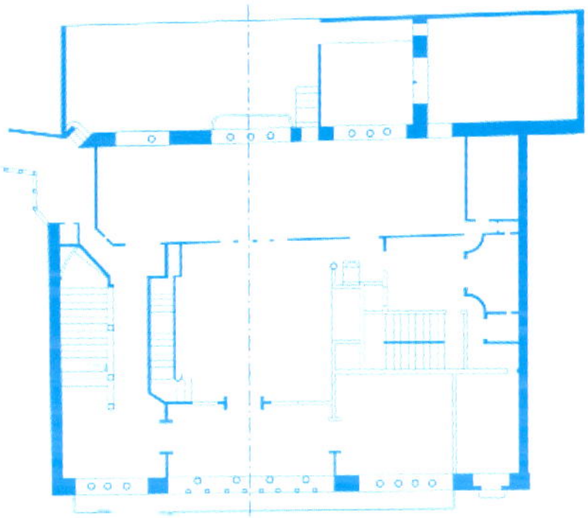

Plan du premier étage du palais
Au centre, le salon de musique. Ce dessin a été présenté à Paris, en 1910, lors de l'exposition de la Société des beaux-arts.

C'est le premier projet de Gaudí pour Eusebi Güell, situé au cœur de Barcelone. Il est réalisé au moment où cette ville est en pleine effervescence. Pour l'Exposition Universelle de 1888, en effet, elle veut montrer sa modernité dans tous les domaines et pas seulement celui de la technique. Dans ce contexte, le mécène désormais ami de l'architecte ressent le besoin de disposer d'une demeure qui puisse représenter le plus justement son statut social et ses ambitions culturelles. Les historiens de l'architecture nous informent que le coût de construction de Palau Güell fut énorme, qu'il ne plût jamais vraiment à la femme d'Eusebi qui le trouvait excessivement grand, et qu'Eusebi lui-même n'y résida que très peu de temps. Il en fit, au contraire, le réceptacle de ses trésors artistiques et de ses collections (souvenirs de voyage ou témoignages de sa passion pour les sciences) amassées au fil du temps. Le terrain, hérité de son père et choisi par Eusebi pour l'édification de son nouveau palais, est confiné entre des immeubles de peu de valeur mais il est relié par une cour à une autre propriété de famille. La réalisation du projet demandera un temps considérable à l'architecte qui, pour la façade principale, propose par exemple vingt-cinq solutions différentes.

Les travaux du chantier se prolongent jusqu'en 1890, mais en 1888, date sculptée sur la façade, le palais est inauguré parallèlement à l'Exposition Universelle. Il suscite aussitôt de vives polémiques que la presse locale diffuse soigneusement. Il est ainsi jugé successivement beau, babylonien, temple plus que maison, précieux et rare, ou construit avec un luxe sans mesure.

L'étage du rez-de-chaussée, très haut, est dominé dans la façade donnant sur la rue par les deux arcs paraboliques à fort ébrasement dont les ouvertures sont closes par d'imposants portails en fer forgé travaillé en maille. Les grilles sont couronnées de panneaux fixes à l'intérieur desquels le fer est modelé pour former de délicates volutes qui enserrent les écus portant les initiales du propriétaire. Afin de mettre en valeur le sentiment catalan, dans l'espace entre les deux arcs en pierre, Gaudí place un immense blason circulaire au sommet duquel un aigle prend son envol. L'enchevêtrement de pièces travaillées en maille, en bandes et en rubans et de motifs à la fois naturels et zoologiques fait de cet emblème catalan un des chefs-d'œuvre reconnus de la ferronnerie. La façade postérieure n'est pas moins soignée et tout aussi sobre. Elle est marquée par le relief imposant du bow-window dans lequel une banquette invite au repos. Des persiennes en bois, aux lamelles réglables, la protègent de l'extérieur.

L'étage en sous-sol abrite de larges écuries auxquelles on accède par une rampe hélicoïdale scandée par de gros piliers en briques d'un diamètre pouvant aller jusqu'à 1,4 mètre et couronnés de segments de forme conique ou pyramidal qui se raccordent avec les voûtes.

Le cœur de l'édifice est constitué par le vaste appartement seigneurial, très bien isolé à la fois acoustiquement et visuellement de l'extérieur et riche en détails décoratifs raffinés, en effets scénographiques et en perspectives, alliant les motifs un peu néo-gothiques ou mudéjar et d'autres plus modernistes. En son centre, le salon s'élève en

Page de gauche:
La galerie qui donne sur le salon de musique du premier étage
La grande porte s'ouvre sur un espace servant de chapelle et doté d'un autel.

Coupe longitudinale du palais
Au centre, sous la haute flèche lanternon, se situe à partir du premier étage le salon de musique couvert d'une voûte.

A gauche:
La façade sur rue montre l'alignement réalisé par Gaudí par rapport aux autres bâtiments.
On remarque la hauteur inhabituelle du rez-de-chaussée, la tribune continue au premier étage, la crénelure au sommet de la façade et les cheminées et la flèche du toit-terrasse.

Page de droite:
Sous la voûte en chaînette qui recouvre le salon de musique
La lumière extérieure arrive par les ouvertures percées dans la voûte et les hautes fenêtres latérales.

hauteur jusqu'au toit. Sa couverture permet à l'intérieur d'obtenir des effets suggestifs de filtrage de la lumière naturelle. Au-dessus de ce quadrilatère formé par l'espace du salon et en correspondance avec chacun de ces côtés, quatre grands arcs paraboloïdes se détachent et permettent l'élévation d'une grande coupole au profil parabolique. Celle-ci est revêtue de petites dalles hexagonales d'albâtre brun et percée de petites ouvertures et d'une plus large au centre, à partir de laquelle s'élève un lanternon qui capte la lumière extérieure pour l'amener dans le salon. La sensation d'observer, en plein jour, un ciel étoilé est également perceptible la nuit grâce à des lampes disposées astucieusement à côté des ouvertures.

L'habileté des solutions techniques, structurelles, les solutions apportées aux problèmes de ventilation, d'isolement acoustique et d'éclairage sont aussi surprenantes que

Détail de la façade sur cour
Le bow-window sur deux niveaux est protégé par les jalousies en bois.

la part de l'artisanat à la réalisation des finitions. L'émerveillement est à son comble lorsqu'on parvient sur le toit-terrasse. Là, les vingt tourelles de ventilation et le cône pointu du lanternon se transforment en sculptures colorées, conçues comme l'imbrication spontanée d'éléments géométriques, soit revêtus de céramique en trencadís soit en pierre ou en brique laissée nue.

Aussitôt visité par les Barcelonais qui y voient un palais des merveilles, le bâtiment dont le projet fut publié à plusieurs reprises dans des revues anglaises et américaines, est devenu pour beaucoup le symbole de la Renaixença catalane, une architecture emblématique d'une bourgeoisie à l'ambition culturelle importante, cherchant à valoriser la langue catalane et encourageant, par le mécénat, ses propres artistes.

Palau Güell est la seule œuvre que Gaudí ait achevée et qui soit parvenue intacte jusqu'à nous. Depuis 1984, l'UNESCO l'a inscrite sur la liste du patrimoine mondial.

Page de droite:
Pièces situées au premier étage du palais avec la colonnade de la tribune qui donne sur Carrer Nou de la Rambla

1889–1890 ▸ Col·legi de les Teresianes

Carrer Granduxer, 85, Barcelone

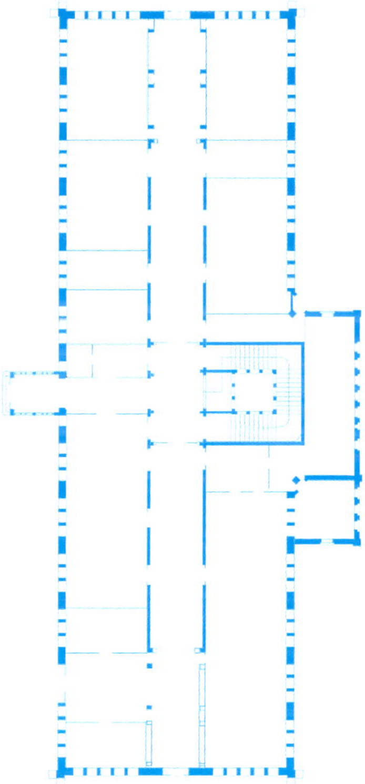

Plan du rez-de-chaussée du Col·legi
Au centre, le portique domine. Sur le côté opposé, lui correspond l'espace de la cage d'escalier. L'axe central est occupé par deux couloirs qui donnent sur des puits de lumière intérieurs et sont couverts d'arcs en chaînette très suggestifs.

Page de gauche:
Hall central du rez-de-chaussée avec des consoles portantes en briques dont le nombre va croissant. Au centre, l'arc parabolique réalisé en maçonnerie.

En 1889, lorsque don Enric d'Ossó i Cervelló, le prêtre fondateur de la Compagnie de sainte Thérèse d'Avila, demande à Gaudí de compléter cet édifice de manière plus originale, le chantier a déjà commencé. Le projet initial prévoyait la construction de plusieurs bâtiments dans une zone alors périphérique de Barcelone mais seul est réalisé le bâtiment qui doit abriter l'école et la résidence des sœurs. A cause d'un manque d'argent, l'architecte n'arrivera même pas à achever ce projet: la chapelle à laquelle on ne peut accéder que de l'intérieur, n'est pas de Gaudí. Sa réalisation lui est bien postérieure.

Le bâtiment est un parallélépipède compact qui, de l'extérieur, ressemble à un château austère dont la composition rythmée des façades permet de distinguer aisément les quatre étages au-dessus du sol. Leur hauteur décroît progressivement en fonction de leur élévation. Le volume est couronné par le rythme marqué des crénelures en forme de flèches. Au milieu de la façade principale se trouve une tribune au plan carré qui accueille, au rez-de-chaussée, le hall d'entrée et un bow window sur les deux premiers étages. Sur la façade postérieure, une structure plus volumineuse encore et placée symétriquement par rapport à l'entrée principale, abrite une entrée secondaire et l'escalier.

L'ensemble de la construction est réalisé avec des matériaux pauvres, utilisés tant pour leur fonction structurelle que pour leur impact décoratif. Dans ce projet, Gaudí doit sans cesse, ce qui est nouveau pour lui, trouver le juste équilibre entre conception originale et maîtrise sévère des coûts. Avec cet édifice, force est de constater qu'il y parvient de belle manière, grâce justement à l'extrême nécessité dans laquelle il se retrouve à travailler.

Des briques pleines en terre cuite, jaune ou rouge, sont utilisées pour dessiner les ouvertures des fenêtres, les arcs paraboliques, les hautes pointes des diverses façades, les séparations entre les niveaux, les compartiments qui contiennent la pierre crue couleur ocre. Ces briques sont partout à la fois des éléments structurels et des détails décoratifs qui composent même, à certains endroits, une sorte de calligraphie. Des écarts très subtils entre les étages des façades permettent des jeux étudiés de lumière et d'ombre, et l'adaptation précise des proportions donne à l'ensemble du bâtiment un caractère unitaire.

A chaque angle de l'édifice s'élèvent des tourelles, également en terre cuite. Dans chacune d'elles, une console soutient une colonne torse, obtenue grâce à une disposition particulière des briques, interrompue en son centre par un blason en céramique sur lequel figurent les symboles des Thérésiennes: le mont Carmel surmonté de la Croix, le cœur de la Vierge couronné d'épines, celui de sainte Thérèse percé de flèches. Les quatre pinacles sont couronnés chacun d'une croix en céramique dont les bras sont orientés selon les points cardinaux. Les initiales de l'ordre SHS, en céramique rouge sang, rythment les bandes décoratives qui séparent les étages.

La maîtrise technique et de composition du volume extérieur est contrebalancée par un agencement de l'espace intérieur d'une grande puissance suggestive. Le plan

Vue extérieure du Col·legi
De la façade se détache le volume couvrant le portique d'entrée. Sur sa paroi extérieure dominent, au centre, les armes de l'ordre des Thérésiennes.

Salle de classe, photographie d'époque

Un couloir du premier étage, rythmé par la séquence d'arcs en chaînette

s'organise autour de trois secteurs. La zone centrale permet principalement de réaliser les circulations verticale et horizontale des résidents ainsi que l'éclairage et la ventilation interne de l'édifice, des questions purement techniques que Gaudí a toujours aimé résoudre avec enthousiasme. Pour de nombreux chercheurs, le bâtiment est une métaphore du traité mystique de sainte Thérèse d'Avila, «Le château intérieur». Dans cette œuvre, la sainte compare l'âme à un château dont le cœur le plus secret permet la diffusion de la lumière divine vers l'extérieur.

Grâce à d'astucieux moyens constructifs, Gaudí aménage, telle l'âme du château couvent, deux patios intérieurs très lumineux et leur adjoint, sur la longueur, des couloirs couverts par une séquence très dense d'arcs paraboliques. Quelques-uns de ces arcs reposent sur des pilastres très fins parfois de l'épaisseur d'une seule brique. La lumière se diffuse sur les murs blancs des arcs peints créant avec les colonnes et le dallage en terre cuite foncée de forts contrastes. Du rez-de-chaussée jusqu'au toit-terrasse, la structure porteuse en briques pleines est conçue comme un riche tissage de briques en châssis, selon un principe constructif rigoureux, qui protège les zones d'éclairage verticales à l'intérieur desquelles la lumière vient soit d'en haut soit des fenêtres latérales.

1889–1893 ▸ Palais épiscopal

Astorga (León)

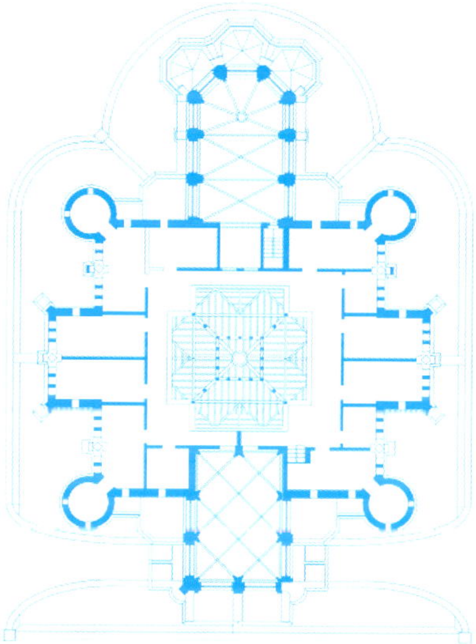

Plan de l'étage principal où les pièces s'ordonnent autour du grand salon central

Le palais épiscopal vu de côté avec l'abside de la chapelle intérieure et ses trois absidioles

Page de gauche:
La salle à manger au premier étage

En 1886, Joan Baptista Grau i Vallespinós, un prêtre originaire de Reus, le village natal de Gaudí, est nommé évêque d'Astorga, dans la province de León. Cette ville n'ayant pas un édifice digne d'abriter un évêque, il demande à l'architecte, désormais célèbre dans toute l'Espagne, de réaliser un nouveau palais épiscopal.

Gaudí, à l'époque, se consacre entièrement aux chantiers de Palau Güell et de la Sagrada Família. Il demande alors un dossier photographique sur le site choisi par son ami évêque pour élaborer son projet et ne se rend à Astorga qu'au commencement des travaux.

Très rapidement des difficultés se font jour entre l'architecte et l'Academia de Bellas Artes de San Fernando, l'organisme en charge du contrôle des édifices publics et de ceux à caractère artistique. Ses membres contestent plusieurs choix d'inspiration néogothique de Gaudí. C'est en partie à cause de cette opposition qu'à la mort inopinée de l'évêque Grau, l'architecte abandonne définitivement ce chantier.

Le palais de style néogothique est conçu comme un château composé de solides blocs de granit et entouré d'un fossé. C'est un volume carré, à plan central, dont les angles sont ornés d'une tour cylindrique. Sur chaque face de ce cube se détachent des volumes plus modestes. Toutes les pièces s'articulent autour d'une grande salle centrale se développant sur deux étages et illuminée par des lucarnes. Elle est décorée de crénelures de type mudéjar dégagées dans le revêtement massif et à forme pyramidale de la voûte. La partie la plus complexe de l'édifice est l'abside de la chapelle intérieure avec ses trois petites absidioles. L'élément le plus impressionnant est sans conteste le portique d'entrée marqué par trois grands arcs aigus ébrasés, composés de pierres de grandes dimensions et séparés les uns des autres par des contreforts inclinés. Sur le faîte de l'édifice, l'architecte voulait placer une statue d'ange, réalisée en zinc et haute de 5 mètres. Les espaces intérieurs et les décorations projetés par Gaudí interprètent librement des figures et des thèmes gothiques. Les parois sont recouvertes d'enduits et de crépis. Les nervures des voûtes sont habillées de céramique émaillée, de couleur rouge foncé. Les chapiteaux des colonnes ont des formes étranges, reprenant parfois des motifs végétaux, résultant à d'autres moments de juxtaposition de volumes divers. Plusieurs vitraux originaux de couleur ont été conservés.

Le bâtiment conçu à l'origine comme une résidence et un lieu de représentation ne remplira jamais ces fonctions. Il deviendra rapidement un espace muséal. Agrandi entre 1907 et 1914 par l'architecte Ricardo García Garreta, il subit d'importantes modifications notamment dans sa partie supérieure. Le fractionnement des espaces et l'agrandissement de sa superficie qui en résultent rendent moins visible la grande unité du projet original.

1891–1894 ▸ Casa Fernández y Andrés

Plaza de San Marcelo, León

Plan du rez-de-chaussée

Ce bâtiment dont le sous-sol et le rez-de-chaussée étaient destinés à un usage commercial et les étages supérieurs à des logements, occupe, près de la cathédrale de León, la totalité d'un îlot dont il adopte la forme de trapèze peu régulier.

Les commanditaires, Mariano Andrés et Simón Fernández, amis d'Eusebi Güell, étaient des négociants de tissus et souhaitaient une demeure qui puisse affirmer de manière éclatante leur réussite sociale. Gaudí invente pour eux un palais néogothique dont les façades en bossage sont en granit. Les quatre angles du parallélépipède sont ornés d'une tourelle saillante et agrémentée de bow-windows, terminée par une flèche très haute recouverte, comme le toit, de lamelles d'ardoise.

Le volume compact de l'édifice est souligné fortement par le relief des bandes séparant les étages et de la moulure en pierre des lucarnes percées dans la mansarde, côté rue. Au rez-de-chaussée, l'édifice est complètement gainé d'une grille métallique qui s'interrompt seulement en face des deux entrées disposées symétriquement sur les façades opposées. Une telle clôture, constituée par un entrelacs de bandes de fer enroulées en spirale et placées dans une trame en forme de losanges, protège le sous-sol et permet d'individualiser le bâtiment dans son ensemble.

La structure du bâtiment, aux deux premiers niveaux, est constituée par une trame de piliers et de poutres en fer alors que les murs intérieurs des quatre façades sont réalisés en briques pleines. Ce choix permet à Gaudí de disposer de deux étages dénués de murs portants intérieurs, uniquement rythmés par les montants métalliques très minces. Ces étages à destination commerciale ont, de plus, une entrée indépendante de celle des appartements, dont la structure est entièrement composée de murs portants qui reposent sur la construction métallique inférieure.

Pour ce chantier, Gaudí peut compter sur un groupe très habile de maçons catalans dirigé par un contremaître en qui il a entière confiance, Claudi Alsina, qui avait déjà travaillé avec lui à la Casa Vicens et travaillera par la suite, sur le chantier de la Sagrada Família.

L'entrée principale est dominée par la statue de saint Georges tuant le dragon, une œuvre en pierre que le sculpteur Llorenç Matamala réalise selon les indications de son ami Gaudí. Le modèle en plâtre de cette sculpture sera exécuté par son auteur dans le chantier de la Sagrada Família, sous le regard vigilant du maître. A l'occasion de sa restauration, en 1951, la statue de saint Georges est déplacée. A l'intérieur, dans un tube de plomb, on a retrouvé les dessins originaux des plans du bâtiment signés par Gaudí.

Page de gauche:
La partie centrale de la façade, avec la porte d'entrée surmontée de la sculpture qui représente saint Georges terrassant le dragon

purissima
maria
ave
sens
pecat

1898–1900 ▸ Casa Calvet

Carrer Casp, 48, Barcelone

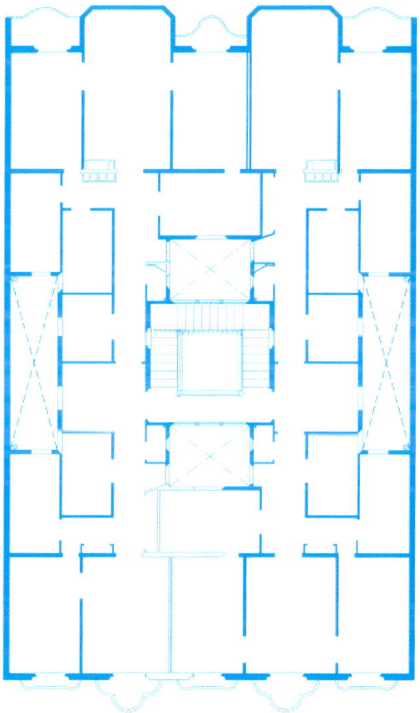

Plan du deuxième étage
Au centre se trouve l'escalier qui s'enroule autour de la cage de l'ascenseur.

Page de gauche:
La cage d'ascenseur en fer forgé, entourée par l'escalier

Avec cet édifice, Gaudí conclut une étape quant aux recherches qu'il poursuit sur la composition. Celles-ci, selon la définition qu'il en donne, visent à donner une interprétation personnelle et «raisonnée» des styles historiques: du roman au mudéjar, en passant par le gothique et le baroque. La Casa Calvet dont la symétrie des parties peut paraître stupéfiante est, en réalité, un projet néo-baroque très strict, nuancé, de manière évidente dans certains détails, par une sensibilité moderniste.

Gaudí est chargé par le fils de l'industriel du textile, Pere Màrtir Calvet, de réaliser un bâtiment qui puisse abriter des dépôts et des commerces au sous-sol et au rez-de-chaussée, un appartement pour lui au premier étage, six appartements à louer enfin aux trois étages supérieurs. L'architecte observe rigoureusement les normes typologiques propres aux logements d'habitation édictées par le plan de développement de Barcelone, l'Eixample, rédigé en 1859 par l'ingénieur Ildefons Cerdà. Selon ce dernier, les bâtiments d'habitation doivent être construits en forme de quadrilatère aux angles émoussés et placés en bordure des îlots qui ont tous la même dimension. Ainsi l'espace intérieur est laissé libre pour l'agencement de jardins. Les constructions prévues ont pratiquement toutes un plan rectangulaire et des escaliers intérieurs. Les pièces d'occupation diurne et nocturne doivent se trouver sur les deux façades principales, les salles de bains, les cuisines et les cagibis, parfois proches des escaliers, pouvant trouver place au centre du bâtiment, à côté des conduits de ventilation. Ce schéma prévoit également que le premier étage est entièrement dévolu à l'appartement où réside le propriétaire, les autres niveaux pouvant être séparés en deux ou plusieurs appartements.

Le long de la rue principale et au cœur de l'Eixample, le bâtiment de Gaudí s'élève cinq niveaux au-dessus du sol. Au rez-de-chaussée, la façade principale est percée de cinq grandes ouvertures; celle qui se trouve au centre est surmontée d'une petite tribune richement décorée. Elle se détache fortement, ainsi que les cinq rangées de balcons superposés, de la façade réalisée en blocs de grès volontairement peu travaillés. Les balcons ont deux formes différentes: les premiers en pierre ont une large base trilobée qui repose sur une console sculptée, les autres plus modestes dépassent à peine. Tous les balcons sont ajourés, constitués de larges bandes en fer forgé, tordues en spirale et travaillées en volutes. Sous la tribune, au-dessus de l'entrée principale sont sculptés les initiales du propriétaire, un cyprès symbole d'hospitalité et le blason de la Catalogne. La tribune, quant à elle, est ornée, dans sa partie inférieure, de divers champignons et, à son sommet, de la corne d'abondance de la chèvre Amalthée de laquelle s'écoulent de nombreux fruits. Aux différentes sculptures se mêlent des bandeaux en fer forgé modelés en spirales et en boucles.

Le couronnement du bâtiment avec ses crêtes arrondies semble baroque. Dans sa partie basse sont placés les bustes des saints Geniez d'Arles et de Rome et de saint Pierre martyr, le saint patron du propriétaire. Ces têtes sculptées dans la pierre sont surmontées d'auréoles en fer forgé. Au centre des deux pignons en briques se trouve un minuscule balcon au-dessus duquel est fixé un treuil pour permettre de faire monter

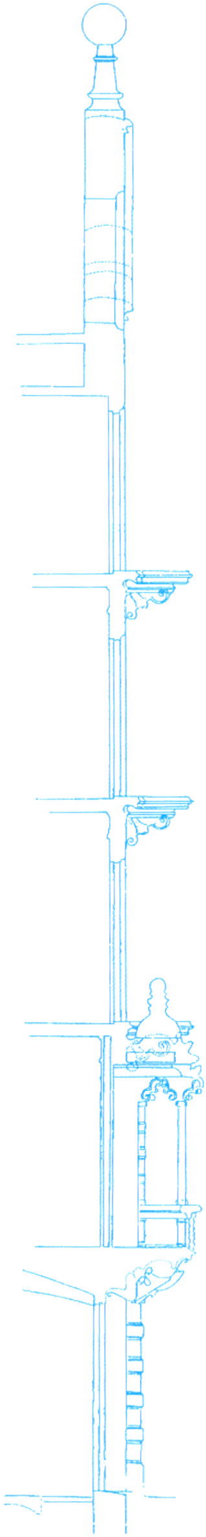

Page de gauche:
La façade sur rue
Alignée parfaitement sur celles des immeubles voisins, elle est terminée par de hauts faîtes au dessin presque baroque.

Détail de la coupe de la tribune de la façade
Le projet de Gaudí visant à insérer un blason héraldique au niveau du premier étage.

L'espace intérieur du rez-de-chaussée, destiné à l'origine à une boutique et servant aujourd'hui de salle de restaurant
Les cloisons en bois, leurs plinthes, consoles et blasons sont originaux et ont été dessinés par Gaudí.

les meubles de la rue jusqu'aux appartements. Les faîtes sont dotés de supports en pierre soutenant des petites croix en fer forgé.

La façade arrière n'est pas néogothique, elle est moderniste par le dessin très mobile que donne la succession de petits balcons en pierre et de bow-windows. La structure portante de l'édifice est plutôt traditionnelle. Les murs extérieurs en pierre et les cloisons intérieures en briques pleines sont des murs porteurs. Les plafonds des étages très vastes destinés aux dépôts, reposent sur de longues poutres métalliques. A l'inverse, ceux des appartements sont constitués de petites voûtes en briques posées sur des poutrelles en fer et recouvertes de caissons de bois.

Dès l'entrée, on est frappé par le soin apporté au dessin de la cage d'ascenseur, de sa grille en métal et des balustres en granit et autres colonnes torses. Autour de la cage de l'ascenseur s'enroule l'escalier avec une rampe en fer laminé, travaillé en une série de cercles concentriques qui s'interpénètrent. Les heurtoirs de la porte en bronze et en fer sont très finement réalisés. Gaudí dessine également une grande partie du mobilier de l'appartement et du bureau des propriétaires. La chaise, le divan et le bureau en chêne sont surtout célèbres aujourd'hui pour leur caractère très fonctionnel, leur robustesse et le raffinement du travail sur bois. Des cloisons originales en bois et en verre sont encore présentes au rez-de-chaussée et servent à isoler l'espace clients d'un restaurant.

En juin 1900, la Casa Calvet reçoit de la municipalité de Barcelone le premier prix d'architecture parmi tous les immeubles construits cette année-là en ville, pour sa qualité, son originalité, sa fonctionnalité et la modernité des solutions techniques mises en œuvre. Gaudí a d'ailleurs mis toute son énergie pour projeter les moindres détails de ce bâtiment. C'est non seulement à l'aide de nombreux dessins mais également avec un modèle en plâtre modifié régulièrement qu'il définit ses objectifs. Les dernières modifications auront lieu directement sur le bâtiment en cours de réalisation.

1898 – 1915 ▸ Crypte de la Colònia Güell

Santa Coloma de Cervelló (Barcelone)

Plan de la crypte avec des parties de la voûte et des piliers de soutien

Située dans le village de Santa Coloma de Cervelló près de Barcelone, la crypte de l'église de la Colònia Güell est considérée à juste titre comme l'un des chefs-d'œuvre de Gaudí. Celui-ci commence ce projet en 1898 à la demande du comte Güell qui, dans ce même village, a déjà fait construire, par son ami architecte Francesc Berenguer, une cité ouvrière proche d'une de ses usines textiles. Le projet prévoit de placer l'église sur une colline en périphérie des logements ouvriers et des usines, dont elle est clairement séparée. Gaudí, au départ, souhaite donner une interprétation libre d'un bâtiment qui lui est cher, l'église du Saint-Sépulcre de Jérusalem.

La méthode conceptuelle mise au point par l'architecte pour cette réalisation, un modèle fait d'un réseau de fils suspendus, est désormais célèbre et il est clair que, avec l'édification de cette église restée inachevée, Gaudí entendait tester des méthodes d'exécution et des principes structurels qui lui étaient propres, dans la perspective de leurs applications, à une plus grande échelle, sur le chantier de la Sagrada Família.

Il opte ici pour un plan central, une forme ovoïde irrégulière, plus semblable à une ellipse qu'à un cercle. Il projette de donner à l'église un développement vertical en construisant de grandes tours robustes de différentes tailles qui dominent une base presque cylindrique. Pragmatique, il souhaite élaborer, et vérifier par des calculs précis, une structure portante qui ne nécessite pas l'utilisation de contreforts ou d'arcs rampants courants dans les constructions gothiques mais qui, au contraire, soit semblable aux nombreuses coques et coquilles que l'on peut observer dans la nature. Pour étudier une telle structure et ses capacités statiques, Gaudí construit une maquette faite d'un ensemble de ficelles de chanvre, accrochée au plafond d'une des baraques du chantier, à laquelle il suspend de petits sacs remplis de plomb. De ce modèle structural, qui a été reproduit par de nombreux chercheurs européens, nous est restée une seule photographie publiée, en 1929, dans un ouvrage de l'architecte Josep Francesc Ràfols i Fontanals.

Grâce à ces cordelettes, Gaudí reproduit l'ensemble des courbes en chaînette qui lui permettent de visualiser les colonnes et les arcs de l'église, à l'échelle 1/10. Les murs et les voûtes sont simulés par des panneaux de toile tendus entre les cordes. En proportion, les petits sacs représentent le poids et le mouvement des charges pesant sur la structure. Si l'on renverse ce modèle, on obtient un squelette architectural fait d'éléments autoporteurs qui constituent un système continu de piliers et de nervures. C'est ce que fait Gaudí en le photographiant et en dessinant par-dessus l'image inversée. Il colorie et agrémente cette photographie pour obtenir une première idée du sanctuaire. Seuls quelques documents de ce type montrant l'extérieur et l'intérieur de l'édifice, une maigre documentation au regard du long processus de réflexion qui occupe l'architecte pendant presque une dizaine d'années, sont parvenus jusqu'à nous. Le maître, durant cette période, est assisté dans ses recherches par son ami l'architecte Francesc Berenguer, l'ingénieur Eduardo Goetz et un autre architecte, Josep Canaleta.

La crypte, unique partie de l'église à avoir été construite, sert de point d'ancrage à l'édifice. Réalisée entre 1908 et 1915, sa forme extérieure est presque organique et se

Page de gauche:
Fenêtres de la crypte en verre multicolore serti de plomb, qui s'ouvrent vers l'extérieur par segments évoquant des pétales de fleur ou des ailes de papillon.

Photographie du modèle stéréométrique de l'église retouchée par Gaudí pour montrer la forme de l'édifice final

confond avec le paysage environnant, un effet encore accentué par le revêtement en blocs de pierre semblables à l'écorce des pins à la couleur changeante. De plus le bâtiment est enterré pour moitié dans la pente de la colline. Le portique d'entrée est complètement ouvert. Il est rythmé par de nombreuses colonnes toutes différentes les unes des autres, certaines réalisées avec un seul bloc de pierre, d'autres construites en briques. Toutes sont inclinées, parfois selon des angles différents, et agencées sous les arcs en chaînette. Le plafond du portique est particulièrement structuré par les nervures qui le lient aux colonnes.

L'intérieur de la crypte, où règne une pénombre très suggestive, est à la fois mystérieux et essentiel. Il est composé, pour la partie réservée aux fidèles, d'un grand espace central, entouré d'un déambulatoire délimité à l'extérieur par les murs en briques cuites et par la rangée de colonnes inclinées. Les vingt-deux fenêtres de la crypte, en verre coloré et plombé, qui laissent passer la lumière, évoquent des pétales ou des ailes de papillon.

Chaque partie du bâtiment (piliers, murs, voûtes, nervures) est construite soit avec de gros blocs de pierre presque brute, soit en maçonnerie selon la technique catalane par superposition de couches de briques. Quatre piliers inclinés sont réalisés avec des blocs énormes de basalte très vite dégrossis, composant chacun une base, un fût et un chapiteau.

En face de l'espace réservé aux fidèles se trouve le chœur qui n'a pas conservé son aspect original et qui est également enserré dans un déambulatoire profond et obscur. C'est dans cette partie de l'édifice qu'aurait du être situé, à un niveau surélevé accessible par un escalier de dix-huit marches, le Saint Sépulcre, comme dans l'église homonyme de Jérusalem.

C'est tout à la fois pour l'harmonie de ses formes, définies par Gaudí dans le moindre détail, y compris le bénitier et les bancs avec prie-Dieu, pour la richesse expressive du système structurel, pour la puissance évocatrice d'un univers de religiosité chrétienne et presque primitive, pour la diversité des ornements, des couleurs et des solutions constructives que cette construction de petites dimensions est certainement l'édifice qui met le mieux en évidence le génie inventif et poétique de Gaudí.

Le chantier de la crypte en construction

Page de droite:

Maquette en cordelettes et contrepoids dont la photo inversée permet de se faire une idée de la répartition des charges dans l'espace intérieur

Dans la crypte, le chœur occupé par l'autel
Au premier plan, deux colonnes inclinées composées de trois morceaux de pierre à peine travaillés. En haut, on distingue les nervures en briques très denses du plafond.

Vue du portique d'accès à la crypte qui met en évidence la structure avec ses piliers inclinés, et les nervures rayonnantes de la voûte

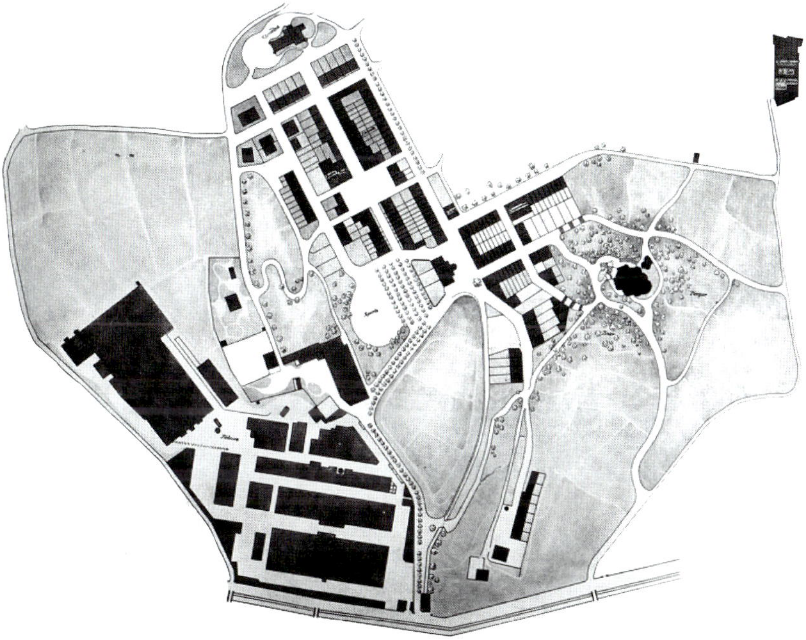

Vue extérieure de la crypte
Au premier plan, le portique et, au fond, des parties en brique de la construction restée inachevée.

Plan de la cité ouvrière ou Colònia Güell
L'église est située sur une petite colline, séparée des logements ouvriers et des usines.

1900–1905 ▸ Villa Bellesguard

Carrer Bellesguard, 16, Barcelone

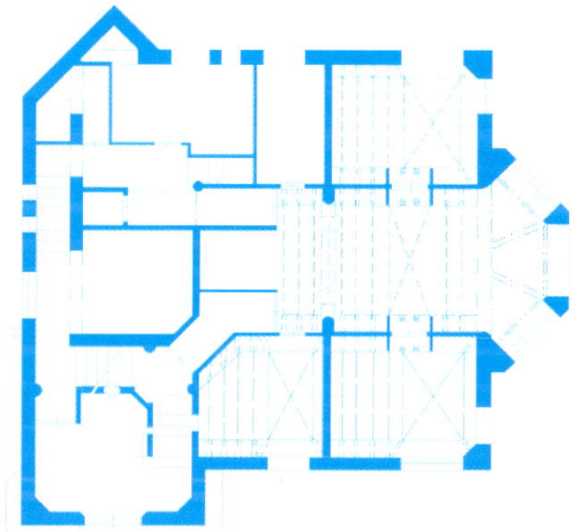

Plan du rez-de-chaussée
La tour belvédère s'élève au-dessus du hall d'entrée en ressaut.

Gaudí élève ce bâtiment de forme néogothique sur les ruines d'un palais médiéval ayant servi de résidence à Martín Ier d'Aragon, le dernier roi catalan mort en 1410. Son secrétaire Bernat Metge avait donné à ce palais le nom de Bellesguard pour la vue magnifique dont on pouvait jouir depuis cet endroit. Le roi avait personnellement contribué à l'enrichissement du jardin de sa résidence en y rassemblant le plus grand nombre de fleurs et d'arbres alors présents dans son royaume. Par la suite, le terrain et les ruines de ce palais étaient devenus propriété de l'évêché d'Astorga. A la mort du dernier des prélats en 1887, Maria Sagués, la veuve d'un négociant de produits alimentaires, décide l'achat de ce terrain et demande à Gaudí (qui l'avait déjà assistée pour la signature du contrat de vente) d'y construire pour elle une résidence.

L'évocation du passé glorieux de la Catalogne au Moyen Age et de la douceur légendaire du roi Martín ainsi que la beauté du site, éloigné du centre ville, incitent Gaudí à donner, avec ce projet, une interprétation originale du style gothique public catalan, assez éloignée de l'austérité sobre du Col·legi de las Teresianes.

La villa, au développement vertical, est un cube compact composé d'un sous-sol, d'un rez-de-chaussée, d'un étage noble et d'un toit très incliné. De l'angle ouest s'élance une fine tour, terminée par une croix cosmique dont les quatre branches égales sont décorées d'une mosaïque de verre coloré et orientées selon les points cardinaux. Les façades sont recouvertes de morceaux irréguliers d'ardoise de diverses nuances, provenant du site lui-même. Des blocs d'ardoise aux formes géométriques ou des ressauts composés de mélanges de pierre locale soulignent les portes et les fenêtres aux formes diverses. Ces matériaux décorent également les colonnes torses de la galerie qui court en haut de l'édifice. Sous la tour de l'entrée, un portail raffiné en fer forgé porte l'inscription: «Ave Maria puríssima, sens pecat fou concebuda» (Je vous salue Marie immaculée, conçue sans péché).

L'ensemble de la construction repose sur une structure portante réalisée en briques pleines, également utilisées dans les plafonds de ces salles. C'est uniquement dans certaines pièces de service que Gaudí adopte des plafonds traditionnels et des poutres. Dans les deux étages habitables, toutes les pièces sont couvertes de voûtes surbaissées. Selon la technique catalane traditionnelle, celles du premier étage sont constituées de couches de briques plates superposées.

L'étage le plus surprenant du bâtiment est constitué par le «desván», le premier des deux étages mansardés. Chacun de ses éléments porteurs est en briques, et cette structure parfaitement lisible présente un aspect décoratif tout aussi important. Cet espace à plan carré n'a pas de murs intérieurs qui le divisent, il est rythmé par huit colonnes centrales sur lesquelles reposent des arcs qui soutiennent le plafond des combles et, en partie, la charge pesant sur le revêtement du toit. Le long des parois, se trouve un ensemble de niches sur lesquelles reposent les pans très inclinés de la toiture. Ces niches donnent à cette pièce, l'espace, l'air et la lumière nécessaires. Leur prolongement à l'extérieur dégage un chemin de ronde qui fait le tour du toit. Des espaces ouverts au sommet d'un bâtiment et utiles à son aération, vraisemblablement

Page de gauche:
La villa, côté jardin
La crénelure continue de la façade, d'inspiration néogothique, et le toit abrupt à quatre pans sont remarquables. A l'arrière, la haute tour belvédère est dominée par une croix cosmique à branches égales indiquant les points cardinaux.

Le plafond et sa structure nervurée

Page de droite:
Le hall d'entrée et les deux petits escaliers dont les colonnes ont un chapiteau vaguement néogothique

d'origine paysane, sont encore très répandus dans la péninsule ibérique à l'époque de Gaudí.

Gaudí laisse ce chantier en 1903 et confie l'achèvement de la partie décorative à son ami architecte Domènech Sugranyes. A ce dernier, on peut attribuer les ornements en céramique et le banc qui entourent le portail, le lampadaire, la rampe et les décorations en céramique de l'escalier. Il ajoute également, quelques années plus tard, d'autres éléments immobiliers comme les portiques couverts et la maison du gardien. Gaudí, pour sa part, avec l'aide de l'architecte Joan Rubió i Bellver, s'était occupé de sauver et de réutiliser les parties restantes des parois moyenâgeuses et de construire un petit pont dans le jardin.

1900–1914 ▸ Parc Güell

Carrer Olot, Barcelone

Au retour de l'un de ses nombreux voyages en Angleterre, où il a pu prendre connaissance des débats autour de la cité-jardin et de ses principes fondateurs, à savoir l'intégration entre ville et campagne, Eusebi Güell, très enthousiaste, souhaite en réaliser un prototype adapté à la bourgeoisie catalane, dans l'une de ses propriétés située à la périphérie de Barcelone. Son intérêt premier ne va pas aux expériences de cités-jardins ouvrières comme celle qu'Ebenezer Howard projettera, à partir de 1902, à Letchworth et que l'industriel catalan aurait pu vouloir mettre en œuvre avec la Colònia Güell.

Au contraire, Eusebi Güell cherche à susciter chez les bourgeois de Barcelone le même élan pour ce type d'urbanisation, dont les principes vont totalement à l'encontre de la ville compacte qui résulte de l'application de l'Ensanche. Güell conçoit sa cité-jardin comme un quartier privé de luxe rendu inaccessible par une robuste enceinte et un petit nombre d'entrées étroitement surveillées. Les habitations doivent se retrouver au cœur d'un parc important, aussi beau que ceux des châteaux français du 17e siècle qu'il a visités pendant sa jeunesse.

En 1900, il demande à Gaudí un projet général de cité-jardin dans la propriété d'environ 15 hectares qu'il possède sur le flanc de la Muntanya Pelada, une colline nue et accidentée dont le nom rappelle la déforestation totale qui l'avait privée de sa végétation méditerranéenne. Ce mont rocheux se développe le long de la Serra de Collserola, un lieu très ensoleillé et, de son sommet, on aperçoit la mer, l'arrière-pays et la ville.

Gaudí projette la division de l'espace central de cette propriété en soixante lots dont chacun serait construit sur un tiers de sa superficie, à savoir 1100–1200 mètres carrés. A ce propos il établit une série de normes très précises qui concernent tant la réalisation des habitations que la vie des personnes à l'intérieur du parc. Eusebi Güell, pour sa part, avant même la mise en vente des parcelles, installe non seulement les équipements communs mais également le système électrique général, celui d'éclairage nocturne du parc et de ses chemins, les canalisations et les lignes téléphoniques. La plus grande partie du terrain est dévolue à un vaste parc agrémenté d'un marché, d'une citerne, d'une grande place destinée aux activités sportives et aux spectacles de plein air, et d'une église.

Malheureusement, la cité-jardin pensée par Güell et Gaudí ne rencontre aucun succès. Deux lots seulement sont achetés, dont l'un par l'architecte afin d'y réaliser une habitation-modèle. Un tel échec peut s'expliquer peut-être par le caractère trop restrictif des normes d'habitation et de gestion et par le désintérêt notoire de la bourgeoisie catalane qui, à l'époque, cherche au contraire à s'installer dans les résidences du centre-ville de l'Eixample barcelonais. En revanche, le lieu attire aussitôt les associations de Barcelone qui viennent y organiser des réunions et donner des spectacles à ciel ouvert. En 1906, avant l'achèvement de la salle hypostyle du temple grec, le premier congrès de la langue catalane s'y déroule, Gaudí, tout comme Güell, étant encore l'un des membres actifs des mouvements qui militent pour l'autonomie de la Catalogne. Dans le parc Güell, ne viennent s'installer que l'avocat Trias et ses descendants, Gaudí, son père et sa nièce dès 1906 et, de 1906 à 1922, jusqu'à sa mort, le comte Güell dans

A l'entrée du parc, l'escalier à deux rampes, permet d'accéder directement au temple dorique ou marché couvert
L'iguane multicolore dans la partie centrale de l'escalier est probablement une allusion à Python.

Le parc photographié en 1915
On voit la zone du théâtre grec et la banquette sinusoïdale en cours de construction. La végétation récemment plantée n'enserre pas encore les édifices projetés par Gaudí et ne cache pas les édifices préexistants des alentours.

la casa Larrand restructurée spécialement par l'architecte. Un an plus tard, la propriété est donnée par son fils à la municipalité de Barcelone qui le transforme en parc public.

Plusieurs architectes, amis de Gaudí, collaborent avec lui sur ce projet et notamment Jujol et Berenguer, peut-être même Rubió. L'ensemble de la propriété subit quelques modifications jusqu'en 1963, date à laquelle l'association Amics de Gaudí acquiert la maison ou résidait l'architecte et la transforme en musée. En 1969, le parc devient monument national et, en 1984, il entre dans la liste du patrimoine mondial qu'élabore l'UNESCO.

Le parc montre l'immense talent de paysagiste de Gaudí et la manière dont il met en pratique ses connaissances en botanique, développées dès ses études universitaires. A cette époque, il suivait le cours optionnel de sciences naturelles et travaillait pour l'entrepreneur Josep Fontseré i Mestres au moment où celui-ci réalisait le premier parc public urbain de Barcelone, la Ciutadella, après avoir remporté le concours organisé en 1872. Gaudí a probablement participé à l'élaboration d'un ensemble architectural du maître où coulait une cascade. Fontserè, pour ce parc, poursuit le projet romantique et le conjugue au naturalisme méditerranéen, présent à Barcelone dans le jardin du Laberint d'Horta, qui date de la fin du 18e siècle.

Pour le parc Güell, Gaudí reprend le projet de Fontseré, mêle ces deux influences et parvient à innover. Il connaît parfaitement les plantes typiques du relief méditerranéen, les espèces subtropicales, la manière d'aménager un paysage originellement agricole. Il essaie, par différentes méthodes, de conjuguer architecture et nature. Le parc Güell, tout comme les Jardins Artigas à La Pobla de Lillet, aujourd'hui reconnus comme l'un de ses projets, est le résultat de l'une de ces méthodes. Un autre mode d'exécution est l'élaboration de jardins de ville ou de campagne. Enfin, une troisième voie audacieuse consiste pour l'architecte à transposer, dans la pierre, des éléments du monde naturel. Les surfaces striées, les arcs en chaînette, que lui inspirent le dessin des feuilles ou les troncs d'arbre, en sont de bons exemples. Il s'efforce également, comme c'est le cas pour la crypte de la Colònia Güell, de fondre ses structures dans leur environnement. Gaudí conçoit enfin ce que l'on peut appeler des «Jardins de pierre», comme c'est le cas pour la façade de la Nativité de la Sagrada Família qui est peuplée d'une flore typiquement catalane.

Dans le parc Güell, son talent de paysagiste s'exprime de manière exemplaire à plusieurs points de vue. Tout d'abord par la complexité du tracé des voies de circulation qu'il distingue entre celles réservées aux piétons et les autres. Pour éviter des déblaiements trop radicaux, il dessine de longues courbes sinueuses le long des niveaux de cette colline nue et rocheuse à de multiples endroits. Il ne procède à des terrassements que lorsque le tracé de son parcours se retrouve dans le vide, ou installe des viaducs. Cette soumission rigoureuse à la structure accidentée du terrain le pousse à créer des grottes qui ressemblent à des cavités naturelles et à dessiner des parcours inhabituels comme ces portiques soutenus par des colonnes inclinées aux fûts en spirale ou rappelant des formes humaines. Dans les zones arides, il plante des pins, des caroubiers, des chênes et des palmiers, laissant librement pousser les genêts, le thym, le romarin et, parmi les espèces grimpantes, le jasmin et la glycine. Pour la circulation à l'intérieur du parc, Gaudí prévoit un chemin piétonnier principal qui, de l'entrée, conduit directement, grâce à un escalier à double rampe, à la place pouvant servir de marché couvert, située devant la salle dorique et, depuis celle-ci, à la vaste esplanade du théâtre grec.

Plan d'ensemble du parc

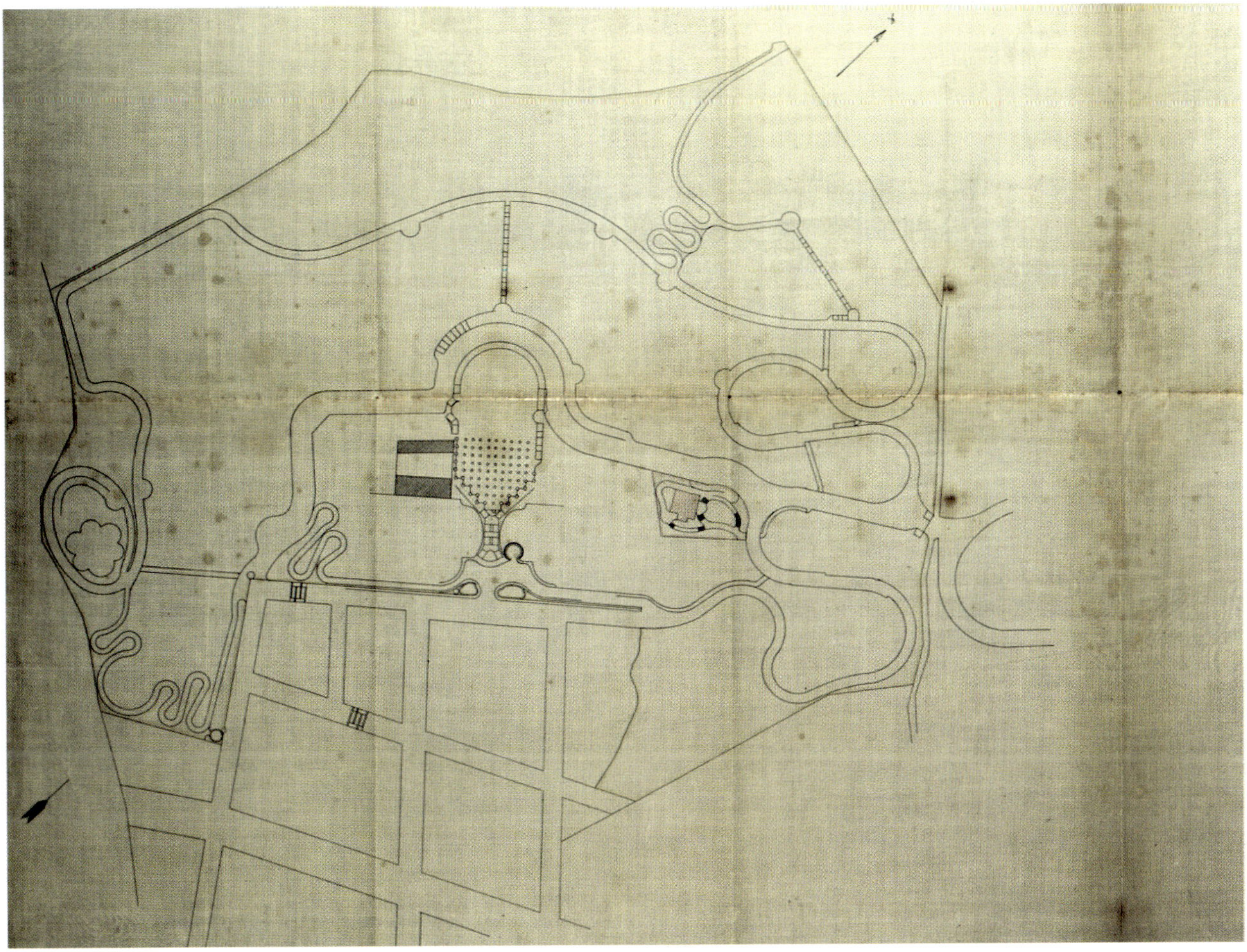

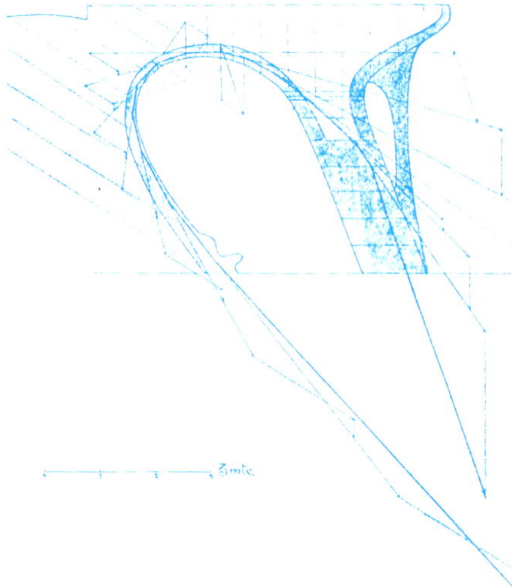

Promeneurs sous un des portiques, vers 1904

Ci-dessus:

Analyse graphique de la statique d'un portique placé sous l'un des viaducs du parc

Le dessin a peut-être été réalisé dans l'atelier de Gaudí en vue de l'exposition parisienne de 1910. Il figure dans ce catalogue sous le numéro 38.5.

Il parvient de cette manière à surmonter la différence de niveau d'environ 17 mètres. De plus, toujours à partir de l'entrée, il dessine deux voies qui se rencontrent pour former un anneau dans la partie supérieure du parc. A cet endroit, il est possible en empruntant trois escaliers raides et droits, de revenir à l'esplanade du théâtre. L'un des deux bras de ce chemin enserre le Calvaire, le point culminant du parc, au sommet d'un promontoire isolé, où Gaudí, à l'origine, voulait édifier une église et où trois croix seront simplement dressées. L'ensemble des allées du parc couvre une distance de 30 kilomètres. Les viaducs qui protègent les sentiers situés en dessous sont interrompus par trois ponts.

Les travaux commencent en 1903 avec la construction des deux pavillons situés à l'entrée, du grand escalier sous lequel se trouve un garage collectif, du temple dorique accompagné d'une citerne et de la grande place qui le couronne. En 1906, le théâtre grec, et en 1914, le banc sinueux qui parachève l'esplanade de ce même théâtre sont terminés.

Le portail d'entrée restera un vulgaire panneau de bois jusqu'en 1965, date à laquelle on installe, à sa place, la grille en fer forgé au motif de feuilles de palmier qui provient de l'enceinte de la Casa Vicens. Le mur d'enceinte de la propriété, haut de 3,8 mètres est réalisé de manière à empêcher toute intrusion. Il est en briques recouvertes de morceaux irréguliers de pierre et sa partie basse est légèrement concave. Sa partie médiane faite de blocs bruts et pointus est surmontée d'un revêtement ondulé en forme de carène renversée, haut d'un mètre, et constellé de fragments de céramique, ce qui le rend lisse et glissant. De gros médaillons de céramique pilée comportant les inscriptions «Park» et «Güell» y sont insérés. Le mur est interrompu par

Page de droite:

Allées du parc sur deux niveaux

Les formes, scandées par des blocs de pierre à peine ébauchés, s'accordent avec la végétation méditerranéenne environnante.

Mosaïque de céramique et de verre coloré sur fond vert, insérée dans le plafond blanc du temple dorique

Détail du plafond du portique

une voie carrossable et par une autre entrée secondaire dans la partie supérieure du parc, à laquelle on peut accéder de l'intérieur, par un escalier.

Les deux pavillons qui entourent l'entrée principale et abritent la maison du gardien et les locaux administratifs du parc sont couverts comme le mur d'enceinte du même alliage de pierre rustique de couleur ocre foncé. Ces deux édifices tirent peut-être leur inspiration décorative de l'opéra «Hänsel et Gretel» d'Engelbert Humperdinck qui était représenté à cette époque au théâtre Liceu de Barcelone.

Lorsqu'on entre dans le parc, on se trouve devant le splendide escalier revêtu de céramique et composé de deux rampes séparées chacune en trois segments. Entre ces deux rampes Gaudí a conçu un espace peuplé de personnages et de stations qui permettent à l'eau de couler dans le sous-sol et de surgir au niveau des fontaines. La vasque inférieure abrite un jardin japonais en miniature. A un niveau intermédiaire, la fontaine est couronnée par le blason de la Catalogne inséré dans un médaillon autour duquel s'enroule un serpent mystérieux. La troisième fontaine est dominée par l'iguane qui rappelle Python, le gardien mythique des eaux souterraines. L'eau qui jaillit de sa gueule ouverte provient de la citerne souterraine, un immense bâtiment rythmé par des colonnes et des arcs robustes, d'une capacité d'environ 1200 mètres cubes.

La zone du marché, appelé aussi temple dorique, est un espace évocateur occupé par 86 colonnes doriques imposantes qui soutiennent un toit composé de petites coupoles reposant sur des poutres légèrement recourbées. L'ensemble est revêtu de céramique blanche qui suggère, par l'effet de la réverbération lumineuse, le mouvement ondulatoire des vagues, une impression que renforce l'inclinaison subtile de quelques colonnes. L'élément décoratif le plus frappant est constitué par les médaillons poly-

Banquette sinusoïdale qui ferme la place ou théâtre grec, au-dessus du temple dorique
Ce siège ininterrompu est entièrement recouvert de morceaux de céramique colorée. Parmi les collaborateurs de Gaudí ayant participé à sa réalisation se trouve l'architecte Josep María Jujol.

chromes réalisés en morceaux de céramiques et de cristaux et représentant des serpents qui s'enroulent les uns autour des autres. Le revêtement du toit est élaboré par Gaudí avec un système d'éléments en terre cuite préfabriqués, masqués sous une couche de terre battue. A côté du temple jaillit une source d'eau minérale qu'Eusebi Güell commercialisera sous son propre nom.

L'esplanade du théâtre grec en terre battue est délimitée sur son pourtour par un long banc continu et à la forme serpentine, décoré avec des morceaux de céramique en trencadís. Ses courbes forment des espaces de repos conviviaux pour de petits groupes. Son rebord extérieur se raccorde avec la frise du temple dorique qui se trouve juste en dessous et qui présente, dans sa partie supérieure, des gargouilles en forme de tête de lion. La décoration de ce fameux banc est vite devenue célèbre. Elle préfigure en quelque sorte des modes d'expression présents chez des artistes comme Miró, Picasso ou Braque. Dans le bandeau qui forme le dossier du banc, Gaudí inscrit des lettres et des symboles religieux et catalans dont une partie a été malheureusement perdue lors des restaurations de 1989.

En haut à gauche:
La maison de Gaudí dans le parc

En haut à droite:
Le bâtiment administratif situé à l'entrée du parc
La haute tour surmontée de la croix fait office de point de repère pour qui visite le parc.

Page de droite:
Détail du toit de la maison du gardien, située à l'entrée du parc

1903–1914 ‣ Cathédrale de Majorque

Palma de Majorque, Ile de Majorque

A la fin du 19e siècle, en Catalogne, Pere Campins i Barceló, l'évêque de Majorque s'intéresse de près aux mouvements de réforme des célébrations liturgiques qui se font jour au sein du monde catholique et notamment monastique. Plus pratiquement cet intérêt se couple avec le fait, qu'à l'intérieur de la cathédrale de Majorque, un immense chœur en pierre destiné aux chanoines, empêche les fidèles regroupés dans la nef de voir parfaitement l'autel et le chœur.

Gaudí propose de faire disparaître le chœur de la nef centrale et de le réutiliser en partie pour la décoration des murs de l'abside. Il élimine les deux grands retables, l'un gothique et l'autre baroque, situés au-dessus de l'autel. Il ouvre aussi les vastes fenêtres de la Chapelle royale. Il propose enfin l'établissement d'un nouveau maître-autel, installe les chanteurs au fond du chœur et déplace les deux tombes royales de Jaime II et Jaime III de Majorque dans la chapelle de la Sainte-Trinité. Ce projet très complexe et très ambitieux prévoyait également de nouveaux vitraux et des meubles spécialement créés pour différentes parties de l'église. Il ne sera pourtant pas réalisé dans sa totalité: les travaux avancent très lentement, au milieu des oppositions et des difficultés et ce jusqu'en 1914. Gaudí, à ce moment, a déjà abandonné ce chantier pour se consacrer totalement à la Sagrada Família.

Aidé par des artisans locaux et ses fidèles collaborateurs, en particulier Jujol, Gaudí démonte le chœur et d'autres parties anciennes pour les réinstaller à sa manière autour du nouvel autel qu'il entend édifier. Les deux œuvres les plus significatives de ce projet sont le magnifique baldaquin-lampadaire heptagonal orné de figures symboliques et placé au centre du chœur, et les vitraux de la Chapelle royale où se disent des prières à la Vierge de Lorette. En utilisant des verres colorés superposés et en insérant des figures et des dessins abstraits, il obtient un effet décoratif d'une modernité surprenante.

En bas à gauche:
Estrade mobile en bois et en fer forgé, dessinée par Gaudí

En bas à droite:
Couronne de chandeliers en fer forgé entourant un pilier polygonal de la cathédrale d'après un projet de Gaudí

Page de gauche:
Intérieur de la cathédrale et vue du chœur
Au premier plan, le maître-autel, semblable à une simple table et le baldaquin lampadaire qui le surmonte, tous deux dessinés par Gaudí.

1904–1906 ▸ Casa Batlló

Passeig de Gràcia, 43, Barcelone

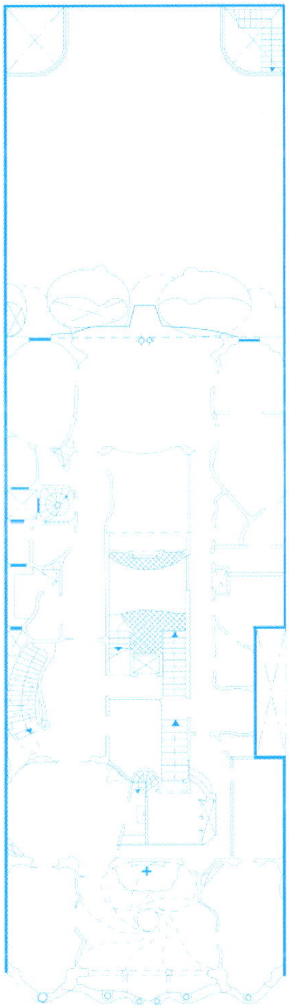

Plan du premier étage

Au centre, le patio avec les escaliers et ascenseurs. L'édifice occupe un îlot long et étroit enserré de part et d'autre par deux habitations résidentielles.

Page de gauche:
La façade vue de la rue

En 1904, Gaudí et son ami l'entrepreneur Josep Bayó i Font, qui construira également la Casa Milà, se voient confier la restructuration d'un bâtiment de petites dimensions situé sur un îlot rectangulaire, le long du Passeig de Gràcia, la rue principale de Barcelone à ce moment. C'est ici et à cette époque que sont construits quelques-uns des plus importants édifices modernistes de la Catalogne. Voisine de la Casa Batlló se trouve l'intéressante Casa Amatller, réalisée par le célèbre architecte et historien de l'architecture, Josep Puig i Cadafalch.

Gaudí agrandit le sous-sol et surélève le bâtiment en lui ajoutant un cinquième étage destiné au personnel de maison. Il restructure complètement l'étage noble qui devient l'appartement de la famille Batlló, élargit et rénove le patio central pour donner une plus grande luminosité à ses pièces. Il refaçonne les murs extérieurs et construit un nouveau toit. Les autres étages conservent leur plan existant.

Admirée par tous, la façade sur rue, en grès gris, est décorée de motifs végétaux au rez-de-chaussée et au premier étage. Cette sorte de frise compose une base solide et mouvante en saillie qui, à l'étage noble, intègre une tribune. Cette base entoure également toute la structure portante de l'ensemble de la façade, composée de six pilastres en pierre reliés par des arcs. Ses volumes concaves et convexes évoquent des formes osseuses qui renforcent cette impression de robustesse et de solidité. Au-delà des deux premiers étages apparaît une façade polychrome irisée, légèrement ondulée par les jeux de la lumière sur les incrustations de céramique vitrifiée. L'élaboration de cette mosaïque s'est faite entièrement sous le contrôle direct de l'architecte et a nécessité l'utilisation d'environ deux cents disques de céramique de trois dimensions et épaisseurs différentes, placés sur un fond de fragments de céramique aux couleurs rappelant celles des disques. La teinte dominante et changeante pendant la journée est un magnifique bleu-vert un peu pastel. La légèreté et l'irrégularité de la décoration contraste de manière radicale et agréable avec la disposition stricte des fenêtres et des sobres balustrades en fonte des balcons qui ressemblent à des masques.

Le mouvement de la façade s'accentue encore à l'angle du bâtiment touchant la Casa Amatller de manière à faire surgir la petite tour qui abrite l'escalier en colimaçon donnant sur le toit et qui, elle aussi, est recouverte de fragments et de disques de céramique. Gaudí aurait d'abord voulu placer cette tour au centre de la façade, là où se trouve maintenant un délicat balcon en fer forgé et une poulie qui servait à hisser les meubles jusqu'aux différents étages. Le déplacement de cette tour sur le côté lui permet, en créant une petite terrasse, de relier astucieusement la Casa Batlló à l'immeuble conçu par Puig i Cadafalch. Sur son volume cylindrique, se détachent les acronymes en céramique émaillée des membres de la sainte Famille, Jésus, Marie et Joseph. Le mur extérieur s'achève par un toit abritant une double mansarde réalisée selon une technique utilisée par Gaudí à plusieurs reprises et qui lui permet d'obtenir une excellente protection thermique et une parfaite ventilation du bâtiment. La crête de forme organique et irrégulière de la toiture abrupte rappelle l'échine d'un dragon. Elle est recouverte de tuiles-écailles en céramique vitrifiée dont les couleurs jaune, vert et bleu

présentent diverses teintes. Tous les spécialistes de l'œuvre de Gaudí s'accordent pour reconnaître, dans cette façade, l'un des sommets de l'art de composition du maître. Il parvient ici à mêler brillamment des éléments autonomes comme les différents matériaux utilisés, le rapport entre l'espace intérieur et les façades du bâtiment, les composantes modulaires irrégulières et la forte dissymétrie sur laquelle il insiste. L'unité de l'ensemble est surprenante: nous avons ici une œuvre unique dont l'aspect change régulièrement au gré des variations de la lumière.

La façade actuelle est la dernière variante d'un processus que Gaudí achève seulement alors que le chantier est déjà bien entamé. Selon certains historiens, l'architecte a travaillé longtemps en s'aidant d'un modèle en plâtre montrant l'ensemble du bâtiment et, par exemple, l'ondulation apparaissant sur la surface de la façade a été incorporée au projet vers la fin de sa réalisation, après divers essais et modifications. De même les parapets en fonte, en forme de masque, des balcons sont réalisés d'après des modèles en plâtre grandeur nature.

Pour celui qui se trouve en face du bâtiment, l'entrée se trouve sur la gauche. Une fois à l'intérieur, on peut suivre deux directions: l'une permet d'accéder directement à l'escalier qui conduit, à l'étage, à l'appartement des propriétaires; l'autre traverse le

Le patio central et la rampe d'escalier au dernier étage
Pour tamiser la lumière venant de la verrière du toit, Gaudí habille les murs de ce patio de carreaux de céramique d'un bleu vif.

Détail de la rampe d'escalier

patio et, à l'aide d'un escalier à deux rampes, qui entoure l'ascenseur, donne accès aux appartements en location et à ceux réservés au personnel. La cage de l'ascenseur est au centre d'un patio éclairé par la lumière provenant d'une verrière à deux pans, dont les arcs portants sont de forme parabolique. Quelques ouvertures pratiquées de part et d'autre de cette lucarne permettent la ventilation de l'édifice et la circulation de l'air du bas vers le haut comme pour le tirage d'une cheminée. Les murs du patio sur lequel s'ouvrent les fenêtres des appartements des différents étages, sont recouverts de carreaux de céramique blanche et bleue, placés en diagonale pour agrandir l'espace. Dans la partie supérieure, ces carreaux sont d'un bleu foncé pour absorber la lumière et, au fur et à mesure que l'on descend vers le rez-de-chaussée, leur couleur s'éclaircit pour finalement devenir blanche. Les fenêtres donnant sur le patio sont encadrées de bordures en céramique de deux teintes dont le modelé est particulièrement travaillé.

L'accès à l'étage principal se fait par un vestibule au rez-de-chaussée. C'est là que se trouve un escalier en bois dont la rampe sculptée évoque une épine dorsale à la courbe sinueuse et enveloppante. La cage d'escalier, aux murs modelés comme des surfaces en mouvement, conduit à une antichambre située au-dessus de l'entrée, éclairée par deux fenêtres percées dans le plafond. L'appartement Batlló s'articule en

Salle à manger et salon de l'appartement Batlló situé à l'étage principal, avec son mobilier d'origine qui ne s'y trouve plus aujourd'hui

Page de droite:
Détail de la toiture semblable à l'échine d'un dragon et de la petite tour en céramique polychrome surmontée d'une croix

Détail de la façade

une suite de pièces de différentes dimensions dont les murs et les plafonds irréguliers génèrent une sensation de fluidité.

A l'entrée de l'appartement, une salle d'attente avec une cheminée en céramique encastrée dans le mur, donne accès à une grande salle de séjour où une cloison ondulée en bois cache un autel. Un grand claustra en bois sculpté, orné de verre coloré, peut être replié en accordéon, ce qui relie ce salon à la chambre qui se trouve derrière. La salle à manger très ensoleillée, située côté cour, donne au contraire sur un jardin en terrasse très large et orné de décorations en céramique.

La façade arrière est protégée et décorée, à tous les étages, de parapets courbes en fer ajouré et, sur son pourtour vertical et sa largeur supérieure, de petites plaques en céramique colorée.

Le bâtiment servira entre 1936 et 1939 d'asile aux réfugiés de la guerre civile. Il est vendu en 1940 à une compagnie d'assurances qui le restaure une première fois et devient ensuite une propriété privée.

Coupe longitudinale de l'immeuble
Au centre le patio, à l'arrière la terrasse de l'étage noble.

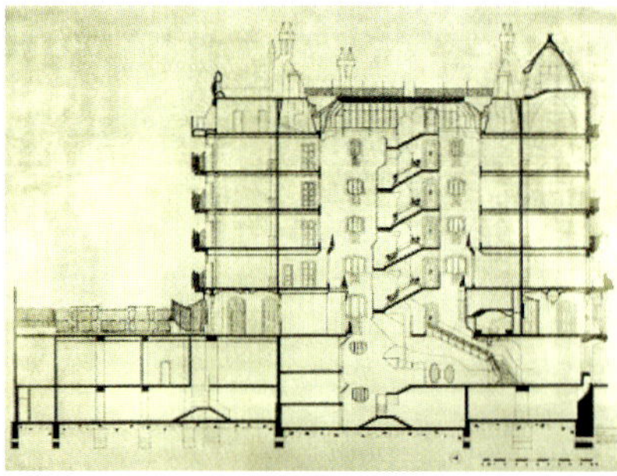

1906–1910 ▸ Casa Milà

Passeig de Gràcia, 92, Barcelone

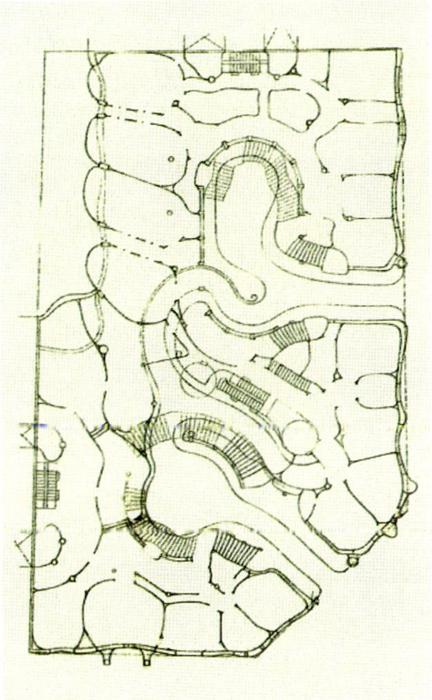

Plan du rez-de-chaussée du bâtiment, avec les deux cours intérieures
Autour de celles-ci s'organisent, dans des pièces de forme irrégulière, les quatre appartements.

Page de gauche:
La façade principale de la maison d'angle
En haut, la double courbe de la toiture avec des cheminées et des cages d'escalier débouchant sur le toit-terrasse.

Lorsqu'on visite la Casa Milà, tout comme la Casa Batlló qui lui est proche, en parcourant les escaliers et les appartements, le regard est sans cesse attiré par les parois qui semblent onduler, par les portes et les cloisons en bois cintré et en verre coloré, par les poignées de porte en laiton réalisées, semble-t-il, d'après un moulage en cire du creux de la main, par les plafonds en plâtre modelé, et par les nombreux meubles, fruits d'un artisanat élaboré et raffiné. Le visiteur a l'impression agréable de se trouver au sein d'un corps à la fois gigantesque et serein. L'utilisation de certains matériaux de construction, par leur couleur et les contrastes obtenus avec les jeux de lumière, rend l'intérieur de ce bâtiment hospitalier et chaud. Les motifs marins qui ornent une grande partie des intérieurs de la Casa Milà accentuent encore cette sensation de fluidité. Les plafonds, en particulier, modelés en larges vagues de plâtre, reprennent le mouvement de la mer, parfois ridée par le vent, parfois au contraire enroulée en spirales évoquant les remous ou la formation de l'écume sur la plage. Des poulpes et des algues sont peints sur ces plafonds alors que les mollusques sont en stuc.

Les commanditaires de cet immeuble sont un couple, Pere Milà i Camps et Roser Segimon i Artells. Le terrain sur lequel la Casa Milà s'élève, à l'angle du Passeig de Gràcia et de la Carrer de Provença, était précédemment occupé par un petit chalet et constituait en quelque sorte la ligne de démarcation entre Barcelone et Gràcia avant que ces deux communes ne fusionnent en 1897.

Compte tenu des souhaits des propriétaires, la construction de ce bâtiment se révélera coûteuse et complexe, le projet prévoyant, sur chacun des six étages, la réalisation de huit appartements disposés autour de deux cours intérieures, l'une circulaire, l'autre ovale. Dès le départ, ce chantier suscite la polémique et des commentaires plus ou moins ironiques que diffuse la presse. Les revues satiriques le comparent ainsi à un immense garage futuriste pour dirigeables.

Son plan est un grand rectangle percé au centre par deux vastes cours; les murs sont décorés de légers reliefs et recouverts de fresques aux motifs soit abstraits soit végétaux ou floraux, le tout réalisé par de grandes étendues de couleur, majoritairement rouge, bleu et jaune, qui se fondent les unes dans les autres. La structure porteuse de l'édifice est composée de piliers en briques pleines et en pierre. Les murs de cloison n'ont pas de fonction portante et ainsi les appartements sont composés de pièces de différentes tailles qui varient d'un étage à l'autre. La structure du sous-sol où Gaudí voulait installer un garage est organisée autour d'un énorme pilier en fer d'où partent en rayons des poutres métalliques qui soutiennent la cour circulaire.

Gaudí consacre énormément de temps au projet de la façade, à son modelé en pierre, comme en témoignent les dessins qui nous sont parvenus. L'une de ses premières idées est de reprendre la composition des façades de la Casa Batlló, avec des balcons et des bow-windows disposés de manière régulière. Pourtant, dans un modèle en plâtre présenté à l'exposition parisienne de 1910, la façade à deux pans jumeaux a déjà une forme plus mouvementée. Gaudí réussit à inventer pour ce projet une structure autoportante qui clôt aussi l'espace. Ce n'est donc pas seulement un mur porteur

La cour intérieure

mais également un mur-rideau. La ligne légèrement ondulée du bandeau supérieur de la façade est scandée à divers endroits par des sculptures délicates en forme de boutons de rose alternant avec des inscriptions latines en relief, facilement lisibles depuis la rue, pour certaines d'entre elles.

Cette façade dont la partie supérieure s'incurve vers l'intérieur, éveille l'impression d'un volume compact, grâce notamment à la forte ondulation des surfaces sur lesquelles la lumière du jour joue librement. Elle est réalisée, en fait, en blocs de pierre fixés par des attaches en fer à un mur en briques. La pose de ces blocs est contrôlée régulièrement par Gaudí de manière à ce que les ondulations de la surface se juxtaposent le plus harmonieusement possible. La Casa Milà acquiert très vite le surnom de «La Pedrera», qui signifie carrière à cause de ces blocs provenant du massif d'El Garraf et de Vilafranca del Penedès.

Le fer forgé des balcons, découpé en feuilles ondulées et sinueuses, dessine des motifs abstraits et naturels. Les ornements métalliques de la Casa Milà composent une sorte de collage de sculptures; leur réalisation, sous la direction de Gaudí, est due à l'atelier des frères Badia de Barcelone. La grille de l'entrée principale est spectaculaire: sur une trame curviligne de fer, des espaces ont été aménagés pour accueillir des plaques de verre, de petite taille dans le bas et plus imposants dans la partie supérieure. Pour le pavement de certaines pièces, Gaudí dessine un ensemble de dalles

Caricature comparant la Casa Milà à un parking pour avions et dirigeables
Parue dans le quotidien «L'Esquella de la Torratxa», à Barcelone en 1912.

En haut à droite et ci-dessus:
Les balustrades en fer forgé des balcons
Les balustrades aux motifs abstraits ou, plus rarement, organiques, ont été réalisées en lamelles de fer pliées, tordues, trouées et superposées.

hexagonales en céramique, décorées de poulpes, d'étoiles et de coquillages en léger relief. Il sera réalisé par l'entreprise Escofet et réutilisé pour le pavement d'une partie de la rue bordant l'immeuble. Gaudí intervient jusque dans les moindres détails décoratifs comme les poignées de porte en bronze qui correspondent aux mouvements de la main et permettent une manipulation parfaite.

Le toit aux ondulations horizontales, accessible à la promenade, est impressionnant. Il est animé par les cages des escaliers qui débouchent de la mansarde, revêtues de céramique blanche en trencadís, par les conduits d'aération traités en spirale, décorés dans leur partie supérieure par des morceaux de verre de bouteille vert foncé, par les cheminées tantôt isolées, tantôt regroupées par trois ou par quatre et toutes surmontées d'un petit bulbe. Les tours qui surplombent les escaliers sont couronnées d'une croix à quatre branches égales et celles qui terminent les cheminées, d'une petite coupole semblable à un casque militaire. On sait que l'ensemble fut étudié par Gaudí à partir d'un modèle en plâtre réalisé à l'échelle 1/10, avec l'aide du sculpteur Bertran. Sur ce toit-terrasse, l'émotion du visiteur est profonde, il a l'impression de pénétrer dans un monde imaginaire onirique alors qu'il se trouve dans un environnement réel, d'assister à un dialogue entre des personnages masqués.

Lorsque Gaudí, architecte désormais affirmé, reçoit la commande de ce grand complexe d'habitations pour la haute bourgeoisie, il souhaite en faire, par certains éléments

Une des pièces de l'appartement principal avec son mobilier d'origine, aujourd'hui disparu

Banquette de l'appartement principal
Les formes sont solides, ergonomiques et modernistes, dessinées par Gaudí entre 1906 et 1910.

Une cheminée et une cage d'escalier sur le toit-terrasse

symboliques, un édifice au sens religieux accentué. Cet aspect du projet accepté au départ par ses commanditaires est, dans un deuxième temps, repoussé par peur de réactions incontrôlées de la part des mouvements anarchistes et anticléricaux barcelonais.

Gaudí prévoyait notamment un monumental groupe sculpté en pierre, métal doré et cristal, composé de deux grands anges et d'une statue haute de 25 mètres de la Vierge du Rosaire, qui aurait été placé sur le toit du bâtiment. Les trois figures émergeant de la bordure ondulée de la façade sur laquelle sont gravées les paroles de l'Ave Maria auraient dominé la ville et pris place au milieu des conduits d'aération et des cages d'escaliers. Telle que nous la voyons aujourd'hui, la Casa Milà est un édifice inachevé. A la suite de violents désaccords avec la femme de Pere Milà survenus vers 1910, Gaudí n'achève pas sa construction. Dans les années qui suivent, le bâtiment subit de nombreuses modifications; en 1946, il est vendu à la société immobilière Provença qui, en 1954–1955, confie à l'architecte Barba Corsini, le soin de construire treize appartements dans la mansarde. En 1966, l'architecte Gil Nebot transforme l'étage principal en bureaux pour une entreprise étrangère. Les premiers travaux de restauration, discutables sous plusieurs aspects, ont lieu entre 1971 et 1975 sous la direction de l'architecte Josep Antoni Comas. En 1986, la Caixa de Catalunya achète l'édifice pour le restructurer et en faire un centre culturel ouvert au public. La Casa Milà est à nouveau restaurée entre 1987 et 1996, les travaux s'achèvent avec la récupération

Un appartement mansardé montrant les arcs en chaînette
Réalisés dans les années 1960, ces appartements ont été détruits lors des restaurations effectuées entre 1987 et 1996.

Page de gauche:
Vue aérienne du toit-terrasse
Le parcours se développe autour des deux cours intérieures, l'une ronde et l'autre ovale. On distingue parfaitement les cages d'escaliers, les conduits d'aération et de cheminée, parfois isolés, parfois regroupés à d'autres endroits.

de la mansarde en maçonnerie, composée d'une série d'arcs paraboliques qui se développent dans des parcours sinueux autour des volumes cylindriques des escaliers. De tels arcs, construits selon la technique catalane sont composés de rangées d'une seule brique et sont reliés par des arêtes de même dimension qui soutiennent le toit ondulé. Célèbre dans le monde entier, la Casa Milà fait partie du patrimoine artistique barcelonais depuis 1962 et du patrimoine mondial de l'UNESCO depuis 1984.

1909 ▸ Escoles de la Sagrada Família

Carrer Sardenya et Carrer Mallorca, Barcelone

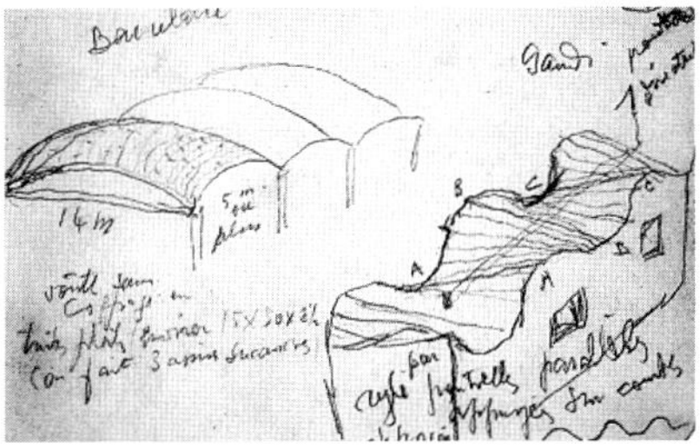

Toiture ondulée des Escoles ou de l'atelier de Gaudí, aujourd'hui détruit, dessinée par Le Corbusier dans un de ses carnets, probablement à l'occasion d'une visite à Barcelone à la fin des années 1930
On distingue, dans le même dessin, une note sur la voûte catalane, que l'architecte suisse utilisera dans certains de ses plus importants chantiers à partir des années 1950.

Page de gauche:
Une partie du bâtiment des Escoles vue d'en haut

Ce petit édifice, conçu par Gaudí comme un bâtiment provisoire, lui a été commandé en 1909 par l'Associació Espiritual de Devots de Sant Josep alors responsable de la construction de la Sagrada Família. Il est situé sur un espace libre à l'endroit où devait s'élever ensuite la façade de la Gloire divine de l'immense église, une façade dont la construction vient juste de commencer. Toujours située à l'angle des Carrer Sardenya et Mallorca, la petite construction en briques a été déplacée vers l'extérieur. A cause des dommages qu'elle a subi pendant la guerre civile (1936–1939), elle a été démontée en blocs, restaurée et rebâtie avec soin. C'est là l'aboutissement de plusieurs campagnes de restauration: dans les années 1940, Domènech Sugranyes i Gras l'avait déjà rebâtie en partie avec le peu d'argent à sa disposition; en 1943, l'architecte Francesc Quintana avait commencé une seconde phase de travaux qui modifièrent le projet original à plusieurs endroits, en substituant notamment des barres d'acier aux poutres de bois voulues par Gaudí, en améliorant la robustesse des intérieurs par l'introduction d'une double maçonnerie, et en créant une articulation plus précise des pièces.

Les Escoles sont entièrement construites par Gaudí avec des briques pleines, utilisées en trois couches superposées, à la manière catalane. Tant les murs que la toiture sont caractérisés par leur légèreté, leur stabilité et leur résistance. Pour ce bâtiment dont il connaît le caractère provisoire, Gaudí définit, de manière très cohérente, une solution structurelle innovatrice. Selon les spécialistes, la résistance du bâtiment de Gaudí est due à la forme même de son enveloppe murale. Il s'agit en effet d'une ossature extrêmement compacte, une écorce solide de par sa surface ondulée, un élément à l'apparence légère qui se révèle très résistant.

En 1909, l'architecte a cinquante-sept ans, il travaille sur les chantiers de la Casa Milà et du parc Güell. Il est en pleine phase de recherche, grâce à la maquette de cordelettes et de plomb realisée pour l'église de Santa Coloma de Cervelló. Il est donc au sommet de sa maturité professionnelle, entièrement impliqué dans l'invention de nouvelles techniques constructives.

Les seuls éléments décoratifs du bâtiment se trouvent au-dessus de l'ouverture des fenêtres ornées de motifs pyramidaux en léger relief. Réalisés en terre cuite, ils servent aussi de protection contre la pluie. A l'extérieur, Gaudí projette, grâce à des pergolas en fer recouvertes de nattes de paille, trois zones visibles encore aujourd'hui, destinées à des salles de classe à ciel ouvert. Le petit bâtiment a un plan rectangulaire de 10 mètres sur 20, divisé à l'origine en trois salles de classe distinctes qui segmentent l'intérieur dans sa largeur. Il prévoit également un vestibule et une chapelle et place les toilettes dans une annexe située à un angle.

Les Escoles, par la simplicité de leur technique constructive et leur forme originale, suscitent l'intérêt de nombreux architectes contemporains de Gaudí, qui sont attirés également par leur pureté géométrique et leur rigueur fonctionnelle. On peut voir l'influence de la toiture au modelé plastique dans les œuvres d'architectes aussi différents que Le Corbusier, Eduardo Torroja, Pier Luigi Nervi, Félix Candela et Santiago Calatrava. On peut s'arrêter notamment sur un croquis très célèbre réalisé par Le Cor-

La classe, 1913

busier lors d'un séjour à Barcelone à la fin des années 1930, qui montre probablement le toit qui recouvrait l'atelier laboratoire de Gaudí, aujourd'hui disparu mais situé à l'époque juste à côté des Escoles.

Cet autre bâtiment, construit comme le premier selon la technique catalane, fut réalisé à partir de 1887 et achevé après plusieurs agrandissements en 1906. C'est là que l'architecte exerce sa fonction de chef de chantier de la Sagrada Família, qu'il projette nombre de ses chefs-d'œuvre; c'est là qu'il réunit tous ses projets et les maquettes en plâtre de ses bâtiments. Malheureusement ravagé par un incendie durant la guerre civile en 1936, le bâtiment et le patrimoine que constituait cette documentation sont maintenant perdus et seule a été sauvée une petite partie des maquettes qui ont fait l'objet d'une restauration soignée. Les ruines du bâtiment ont été récemment complètement démantelées.

On s'accorde aujourd'hui pour dire que, malgré leur petite taille, les Escoles méritent une restauration conservative qui leur rendent leur rôle de témoin exemplaire du génie de Gaudí. Il y réussit en effet le mariage de techniques constructives traditionnelles et de solutions structurelles à l'impact décoratif certain. L'invention de nouveaux espaces à la fois organiques et essentiels que lui permet l'usage de surfaces rayées, est

Les Escoles à peine achevées et, à l'arrière-plan, les tours de l'abside de la Sagrada Família

mis clairement en évidence dans ce bâtiment. Cette synthèse de tradition et d'innovation caractéristique de l'ensemble de l'œuvre de Gaudí et que l'on retrouve, de manière plus complexe, dans la crypte de la Colònia Güell et dans son projet pour la Sagrada Família, est ici plus facilement compréhensible. Les Escoles peuvent donc être considérées à juste titre comme le bâtiment-manifeste des théories de l'architecte catalan ainsi que le prototype jamais égalé d'une architecture organique à modulation curviligne.

Façade des Escoles

1883 – 1926 ▸ Sagrada Família

Plaça de la Sagrada Família, Barcelone

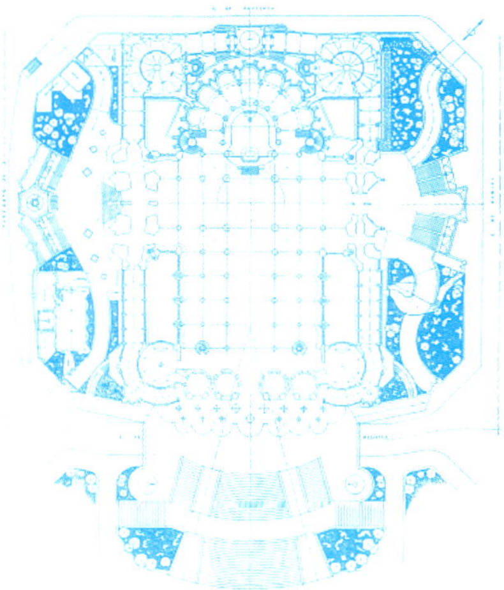

Plan de l'église établi selon le projet définitif de Gaudí et publié en 1929
La croix latine est entourée sur trois côtés d'un portique. Comme dans la cathédrale gothique de Chartres, Gaudí propose trois immenses portails d'entrée.

Le sanctuaire de la Sagrada Família est dédié à Jésus et à ses parents terrestres, Joseph et Marie, modèle de la famille chrétienne. Gaudí en devient chef de projet et directeur des travaux à partir de 1883. Ce n'est que peu à peu, et avec prudence, surtout dans les premières années, qu'il réinterprète et reformule le projet de son prédécesseur, l'architecte Francesc de Paula Villar. Il se plaint de devoir tenir compte de l'orientation de l'édifice, impossible à modifier du fait de l'avancée des travaux de la crypte. Il dispose l'église le long d'un axe diagonal par rapport à la trame orthogonale du plan en échiquier de l'Ensanche. En revanche, sa situation au centre de la nouvelle expansion urbaine et de la plaine de Barcelone, à mi-chemin entre les fleuves voisins, la mer et les montagnes de l'arrière-pays, le satisfait pleinement.

Considérant l'église comme l'édifice le plus représentatif d'un peuple, Gaudí se propose de réaliser, dans ce projet, la synthèse spatiale et figurative de son imaginaire symbolique. Pour cette raison, il scande les articulations architectoniques d'emblèmes, de figures de saints patrons et d'hommes de son temps costumés en personnages bibliques, ainsi que d'éléments de la flore et de la faune catalane. Il choisit, par ailleurs, des épisodes de la Bible ou des écrits religieux qui constituent la base d'une narration sculptée à vocation pédagogique.

Respectant, en ligne générale, le plan conçu par son prédécesseur, Gaudí va cependant accentuer fortement la verticalité de l'édifice en lui adjoignant de hautes tours. Il donne à ce plan en forme de vaste croix latine – à cinq travées dans la nef et trois dans le transept – un caractère particulier avec trois façades sur chacune desquelles se dressent quatre imposantes tours-clochers qui abritent un escalier en colimaçon.

Le bras est du transept est fermé par la façade de la Nativité. Le bras ouest par la façade de la Passion. L'entrée principale, au sud, s'inscrit dans la façade de la Gloire. Le symbolisme sculpté des trois façades donne lieu à une véritable catéchèse, très pédagogique, sur les fondements de la foi chrétienne. A l'est, les sculptures et les vitraux célèbrent la joie du monde générée par la naissance de Jésus, dont quelques scènes de l'enfance et de l'adolescence sont représentées. A l'ouest, les sculptures illustrent les épisodes dramatiques de la Passion et de la mort du Christ, jusqu'à l'événement miraculeux de la Résurrection. Sur le flanc tourné vers la mer doit s'élever la façade principale qui n'est pas encore réalisée et qui illustrera comment les hommes peuvent participer à la gloire divine et jouir des fruits de la Rédemption annoncée par Jésus-Christ.

La croisée du transept est couverte par une grande voûte surmontée d'une puissante tour de 170 mètres de hauteur. Elle évoque un ciboire et accueille à son sommet une croix-phare à quatre branches égales. Quatre tours plus petites, symboles des quatre Evangélistes qui entourent le Christ, l'accompagnent et irradient, elles aussi, depuis leur sommet, la lumière sur la ville. La tour-clocher située au-dessus de l'abside est dédiée à la Mère de Dieu et décorée d'une couronne à douze étoiles. Aujourd'hui, seules huit des dix-huit tours prévues sur l'ensemble de l'édifice ont été érigées.

Page de gauche:
La cathédrale avec, au premier plan, la façade de la Nativité

Un confessionnal en bois situé dans l'église

Le pinacle des tours-clochers des trois façades réalisées sous la direction de Gaudí représente les attributs des évêques, successeurs des apôtres: la crosse, la mitre, l'anneau, la croix. Une série de mots, insérés dans le corps cylindrique des tours – Sanctus, Sanctus, Sanctus; Hosanna, Excelsis – font participer toute personne qui les lit, à la célébration de la gloire de Dieu. L'édifice est, dans son ensemble, une représentation de l'Eglise Universelle, céleste et terrestre. Selon le désir de Gaudí, elle devait être entièrement enclose dans un cloître rectangulaire où l'on aurait pu se promener. A chaque angle du cloître, Gaudí dispose des constructions de petites dimensions comme les sacristies et les locaux administratifs du sanctuaire.

Deux principes dirigent la logique de construction et la statique de l'édifice: la courbe paraboloïde des sections verticales, qui permet l'élan des volumes intérieurs vers le haut; la configuration du pilier, incliné pour suivre le mouvement de la courbe paraboloïde, puis ramifié en pilastres de plus petite section, eux aussi inclinés pour soutenir les voûtes de l'église ouvertes au sommet de manière à laisser voir le ciel à travers de grands oculi. Ces deux principes, à la fois statiques et formels, sont le résultat de l'étude menée par Gaudí sur la maquette à fils et contrepoids construite pour l'église de Santa Coloma de Cervelló. Une nouveauté, un déclic inventif se fait pourtant jour dans le chantier de la Sagrada Família. Il s'agit du rapport entre la structure arborescente des piliers et la géométrie à superficie striée des voûtes, dont les effets, d'une grande légèreté, sont bien visibles grâce notamment aux travaux réalisés à la fin du 20e siècle sur le chantier de l'église. La complexité de l'édifice amène Gaudí à réaliser plusieurs maquettes de diverses parties et à différentes échelles, pour atteindre une «transfiguration définitive du gothique», achèvement et dépassement de l'aventure des grands constructeurs de l'Europe médiévale.

Actuellement on s'accorde à penser que Gaudí aurait anticipé quelques-unes de ses inventions, conduites à leur plénitude dans la Sagrada Família, dans un projet antérieur réalisé pour le beau-frère de Güell, le marquis de Comillas. Voulant offrir aux franciscains un siège à leur activité missionnaire, le marquis demande à Gaudí de dessiner un projet grandiose pour Tanger, en Afrique. Dans les premières ébauches, demeurées à l'état de projet et datées de 1892–1893, Gaudí dessine une forêts de tours-campaniles, comme celles qui s'élèvent au-dessus de l'église de Barcelone. Dans la Sagrada Família, l'architecte catalan se conforme sans cesse à un symbolisme riche et profond, enraciné dans la tradition catholique médiévale. Ce symbolisme, de nature souvent allégorique, est résolument didactique.

Par ailleurs, Gaudí garde très fortement en mémoire l'image des imposantes cathédrales gothiques de Tarragone, Barcelone, Palma de Majorque, et de toutes les cathédrales espagnoles qui ont donné au gothique européen la majesté exubérante de leurs formes et de leurs dimensions. Il connaît très bien les rites et les symboles de la liturgie catholique. Il recourt presque tous les jours à «L'Année liturgique», l'ouvrage en deux volumes écrit par le moine bénédictin Dom Guéranger. Cette publication documente parfaitement le sens du mobilier liturgique, la valeur symbolique des couleurs utilisées dans les parements aux diverses périodes de l'année, la manière de célébrer les sacrements et la messe. Dans l'œuvre de Gaudí, à côté les aspects religieux qui, au cours de son existence, deviennent chaque fois plus intimement liés à sa vie personnelle, c'est la nature qui demeure sa source d'inspiration première.

L'achèvement d'un chantier aussi vaste que celui de la Sagrada Família demande un temps considérable. Pour laisser à ses successeurs une idée précise de son projet,

Vue d'ensemble de la cathédrale, d'après un dessin de Joan Rubió i Bellver paru en 1906

Une des nefs latérales de l'église, réalisée récemment sous la direction de l'architecte Jordi Bonet i Armengol

l'architecte décide à la fin de sa longue et laborieuse vie, de ne pas poursuivre la construction de l'église de manière horizontale mais au contraire d'achever entièrement la façade de la Nativité. Cette décision lui permettra, juste avant sa mort, de voir achevée et sans échafaudages la première tour-campanile du sanctuaire.

Comme, en plus, les donations se font rares après 1906, il décide à cette époque, de concentrer ses efforts sur la définition géométrique des formes architecturales, d'abord à l'aide de dessins et de modèles, à partir de 1914 sur l'objet lui-même. Totalement absorbé par le chantier de l'église, il abandonne toute autre activité.

A la mort de Gaudí, le 10 juin 1926, la direction du chantier de la Sagrada Família revient à l'architecte Domènech Sugranyes i Gras, l'un de ses collaborateurs, qui termine en 1930, le couronnement des flèches et de nombreuses sculptures de la façade de la Nativité, parmi lesquelles le grand cyprès où sont sculptées des colombes en albâtre.

En 1938, à la mort de Sugranyes, la dernière personne qui connaissait directement les intentions et le degré de précision de tel ou tel projet du maître, le chantier passe

Modèle de la nef centrale

Détail de la façade de la Nativité, réalisée sous la direction de Gaudí
Les sculptures évoquent des scènes de la naissance et de l'enfance de Jésus. Dans le médaillon supérieur se trouve le groupe de l'Annonciation.

sous la direction de Francesc Quintana qui reconstruit la crypte de l'église, commence la restauration des modèles en plâtre et construit enfin l'un des murs du bras est du transept, avec sa vaste fenêtre néogothique.

En 1954, la Junta Constructora del Temple, décide de commencer la construction de la façade de la Passion. Des collectes d'argent sont organisées pour assurer la poursuite des travaux dirigés d'abord par Francesc Quintana, ensuite par Isidre Puig i Boada et enfin par Lluís Bonet i Garí. C'est en 1976 que les travaux sur cette façade, tours comprises, s'achèvent. En 1981, Puig i Boada et Bonet i Garí ayant dépassé tous deux l'âge de quatre-vingt ans, les travaux sont confiés à Francesc Cardoner i Blanch.

Entre-temps, Jordi Bonet i Armegnol assume la charge de chef de projet et la conduite du chantier. Il commence par renforcer les fondations de l'église, passe ensuite à la construction des murs qui séparent les nefs et à l'élévation des colonnes arborescentes. En utilisant le béton armé et des coffrages en pierre qui reprennent les formes voulues par Gaudí, Bonet et ses collaborateurs parviennent à élever, non sans

Le chantier de la Sagrada Família en 1915, presque au début de sa construction, la zone environnante n'est pas encore urbanisée

avoir consolidé le terrain avec un ensemble de pilotis, les piliers et les voûtes des nefs latérales, une opération qui sera menée à son terme en 2000. Ce n'est qu'après 1995 qu'il commence la réalisation de la voûte de la nef centrale et opte, après la formation de ses ouvriers, pour une méthode de construction où, selon la tradition catalane, les couches de brique sont superposées.

En 1986, le sculpteur Josep María Subirachs accepte la commande du cycle sculptural prévu pour la façade de la Passion et réalise pendant quinze ans une centaine de personnages.

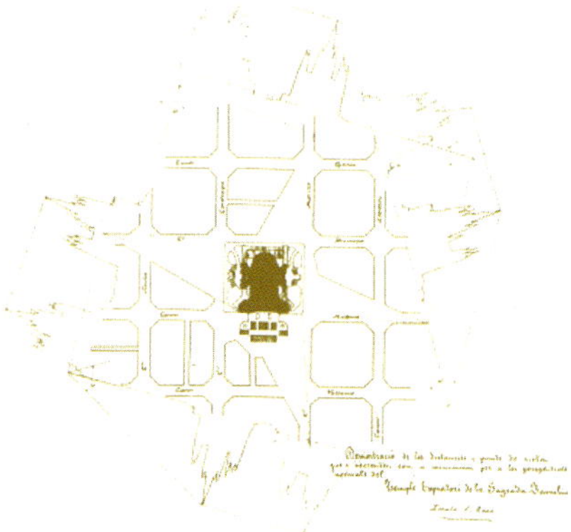

Le dessin de la place étoilée réalisée par Gaudí en novembre 1916 montre la distance à parcourir pour jouir de la meilleure vue de l'église.

Page de droite:
L'arrière de la façade de la Nativité

HOSANNA
EXCELSIS
HOSANNA
EXCELSIS

Vie et œuvre

Gaudí fumant le cigare avec son père Francesc, son ami Pere Santaló et sa nièce lors d'une promenade à Montserrat en 1897

Page de gauche:
Gaudí à l'âge de trente-six ans
Photographie réalisée à l'occasion de l'Exposition Universelle de Barcelone, 1888.

1852 ▸ Gaudi naît le 25 juin à Reus, dans la province de Barcelone. Ses parents sont Francesc Gaudí i Serra, artisan chaudronnier de Riudoms, et Antonia Cornet i Bertran. Dès son plus jeune âge, Gaudi aide son père dans son atelier. A cause de douleurs articulaires, il passe une grande partie de son temps à la campagne pour se reposer et devient un observateur passionné de la nature. Il commence ses études à Reus.

1869 ▸ Il arrive à Barcelone avec son frère Francesc, étudiant en médecine, et fréquente des écoles préparatoires lui permettant de suivre des études d'architecture. Son père, après avoir vendu la propriété de Reus, s'installe à Barcelone et finance les études de ses enfants.

1873 ▸ Il commence ses études d'architecture à la Escola Provincial d'Arquitectura qui devient en 1875, dans le cadre de l'Université de Barcelone, Ecole d'architecture.

1875 ▸ Il effectue son service militaire.

1876–1878 ▸ Pour pouvoir financer ses études, il travaille en tant que dessinateur avec Josep Fontseré qui supervise les travaux du Parc de la Ciutadella de Barcelone, avec l'architecte Francesc de Paula Villar i Lozano, auprès de la firme automobile Padrós i Borràs, enfin pour l'architecte municipal Leandre Serrallach i Mas.
Sa mère et son frère meurent en 1876.

1878 ▸ Le 15 mars, il obtient le titre officiel d'architecte. Dans l'atelier de l'artisan Eudald Puntí, il dessine et construit lui-même sa propre table à dessin. C'est là qu'il rencontre le marchand de textiles Esteve Comella pour lequel il dessine une vitrine pour l'Exposition Universelle de Paris. Après l'avoir vue, le comte Eusebi Güell i Bacigalupi lui confie quelques petits travaux. Ses premiers projets significatifs sont des réverbères publics, un kiosque en fonte, un ensemble d'habitations ouvrières et de salles de travail pour la Cooperativa La Obrera Mataronense. Parmi celles-ci, seul subsiste encore un entrepôt.
Gaudi devient membre de l'Association catalane des excursions scientifiques puis du Centre d'excursions de Barcelone. Il peut ainsi se rendre dans les lieux les plus importants de l'histoire catalane.
Sa sœur Rosa meurt et Gaudí prend alors soin de sa fille Rosita qui vivra désormais avec son oncle et son grand-père maternel.

1880–1882 ▸ Il projette un autel pour une communauté religieuse de Tarragone et un kiosque pour la petite ville de Comillas. En février 1881, il publie dans la revue «La Reinaxensa» un article dans lequel il critique l'exposition des arts industriels qui se déroule alors à Barcelone.

1882 ▸ Il travaille dans l'atelier de son ancien professeur, l'architecte Joan Martorell i Montells.
Pour Eusebi Güell, Gaudí dessine un pavillon de chasse à El Garraf, sur la mer Méditerranée, qui ne sera jamais réalisé.

1883 ► Il commence la construction de la Casa Vicens (achevée en 1888). Il débute également le chantier de la villa El Capricho à Comillas, laissant la direction des travaux à Cristóbal Cascante. Le 3 novembre, sur la proposition de Joan Martorell, il est nommé architecte en chef du chantier de la Sagrada Família, en remplacement de l'architecte Francesc de Paula Villar qui avait commencé les travaux l'année précédente. Il débute les travaux de la Finca Güell (achevée en 1887).

1885 ► Il dessine un autel pour la chapelle privée de Josep Maria Bocabella, l'éditeur et libraire est l'un des fondateurs de l'Associació Espiritual de Devots de Sant Josep qui soutient la construction de la Sagrada Família.

1886 ► Il débute les travaux du Palau Güell, à Barcelone (achevé en 1890).

1887 ► Il bâtit un édifice, dans la zone du chantier de la Sagrada Família où il installe un laboratoire-atelier nécessaire à l'étude et au développement de ses projets. Il étudie avec l'architecte Domènech i Montaner la composition des céramiques traditionnelles.

1888 ► Il participe au chantier immobilier de l'Exposition Universelle de Barcelone en réalisant pour la Section maritime, le Pavillon de la compagnie Transatlantique et expose d'autre part ses projets dans la partie dédiée à l'architecture. Le maire de la ville lui confie la restructuration de la décoration et de l'escalier d'honneur du Saló de Cent de l'Hôtel de Ville.

1889 ► Le père Enric d'Ossó i Cervelló, fondateur de la compagnie de sainte Thérèse d'Avila lui confie l'achèvement du siège du Col·legi de les Teresianes, à Barcelone.

1889–1893 ► Construction du palais épiscopal d'Astorga. A la mort de son ami, l'évêque Joan Baptista Grau i Vallespinós, il abandonne ce chantier qui sera achevé par d'autres.

1891–1894 ► Réalisation, à León, de la Casa Fernández y Andrés.

1892 ► Avec le marquis de Comillas, il se rend à Malaga et à Tanger pour étudier le terrain sur lequel le marquis voudrait faire construire un immense ensemble destiné aux Missions des pères franciscains.

1893 ► Il termine la construction de la crypte et de l'enceinte de l'abside de la Sagrada Família. Un jeûne radical à l'occasion du Carême met ses jours en danger.

1895 ► Il décline le projet d'une chapelle funéraire pour la famille Güell à Montserrat. Elle ne sera jamais réalisée. Les bodegas Güell à El Garraf sont attribuées à un ami de Gaudí, l'architecte Francesc Berenguer i Mestres. Toutefois, Gaudí ayant signé les plans, on considère qu'il s'agit d'une collaboration.

1898–1900 ► Il projette la Casa Calvet, à Barcelone, et obtient pour cette réalisation, en 1900, le prix du bâtiment le plus important de l'année, de la part de l'administration communale. Il élabore un premier projet pour l'église de la Colònia Güell, quartier ouvrier situé à Santa Coloma de Cervelló, près de Barcelone.

1899 ► Il devient membre du Cercle artistique de Saint-Luc et de la Ligue spirituelle de la Vierge de Montserrat.

1900 ► Il construit, à l'aide de sculptures, le premier Mystère glorieux, un ensemble qui devait faire partie d'un cycle monumental jamais achevé, dans une grotte de la montagne de Montserrat. Il s'attaque à la cité-jardin, voulue par le comte Eusebi Güell, sur la Muntanya Pelada, en périphérie de Barcelone, appelée aujourd'hui parc Güell et la laisse inachevée.

1900–1905 ► Il réalise la Villa Bellesguard à Barcelone.

1902 ► Il réalise la porte de la Finca Miralles à Barcelone.

1903 ► Il commence le réaménagement du chœur de la cathédrale de Majorque, à la requête de don Pere Campins i Barceló. Il s'y rend de temps en temps. Les travaux avancent lentement et sont interrompus en 1914.

1904 ► Il construit et décore la première salle de cinéma de Barcelone, Sala Mercè, détruite par la suite et qui vient d'être reconstruite, dans des dimensions moins grandes, en 2002. Il commence la restructuration de la Casa Batlló (achevée en 1906).

1906 ► Il achète la maison-modèle du parc Güell et s'y installe avec son père et sa nièce. L'architecte Josep Maria Jujol devient son collaborateur.

1906–1910 ► Il construit Casa Milà, appelée «La Pedrera», à Barcelone et réalise l'aménagement des Jardins Artigas à La Pobla de Lillet.

1907 ► Il commence les travaux de la crypte de la Colònia Güell.
Aux dires du sculpteur Joan Matamala, il est chargé de construire un gratte-ciel sur l'île de Manhattan à New York.

1909 ► Il construit les Escoles de la Sagrada Família.

1910 ► Pour des raisons de santé, il passe le printemps chez des amis à Vic. Il dessine deux lanternes en basalte et en fonte pour la Plaça Mayor de Vic, à l'occasion du centenaire de la naissance du philosophe Jaime Balmes.
Eusebi Güell organise une exposition de ses œuvres principales au Grand Palais, à Paris. Il ne se déplacera pas.

1911 ► L'exposition de Paris est montrée à nouveau lors de l'Exposition nationale d'Architecture de Madrid.
Il attrape la fièvre de Malte et, avec un ami médecin, il se retire à Puigcerdà, où il rédige son testament.

1914 ► Il refuse de continuer à suivre les projets en chantier afin de se consacrer uniquement à la construction de la Sagrada Família.

1922 ► La commande d'une église pour la ville de Rancagua, au Chili, lui est faite. Le projet d'une chapelle dédiée à la Vierge de l'Assomption dans la Sagrada Família est refusé.

1924 ► Il est arrêté par la police de Barcelone alors qu'il se rend à une messe célébrée en l'honneur des catalans morts pour la défense de la ville en 1714.

1925 ► Resté seul, il emménage dans une baraque modeste du chantier de la Sagrada Família.

1926 ► Gaudi est renversé par un tramway et meurt, dans un hôpital de Barcelone, le 10 juin suite à ses blessures.

Gaudí photographié durant la procession du Corpus Domini, à Barcelone, le 11 juin 1924, près de l'étendard du Cercle artistique de Saint-Luc

Espagne

Astorga:
Palais épiscopal

León:
Casa Fernández y Andrés

Comillas:
El Capricho

Santa Coloma de Cervelló:
Crypte de la Colònia Güell

Palma de Majorque:
Cathédrale de Majorque

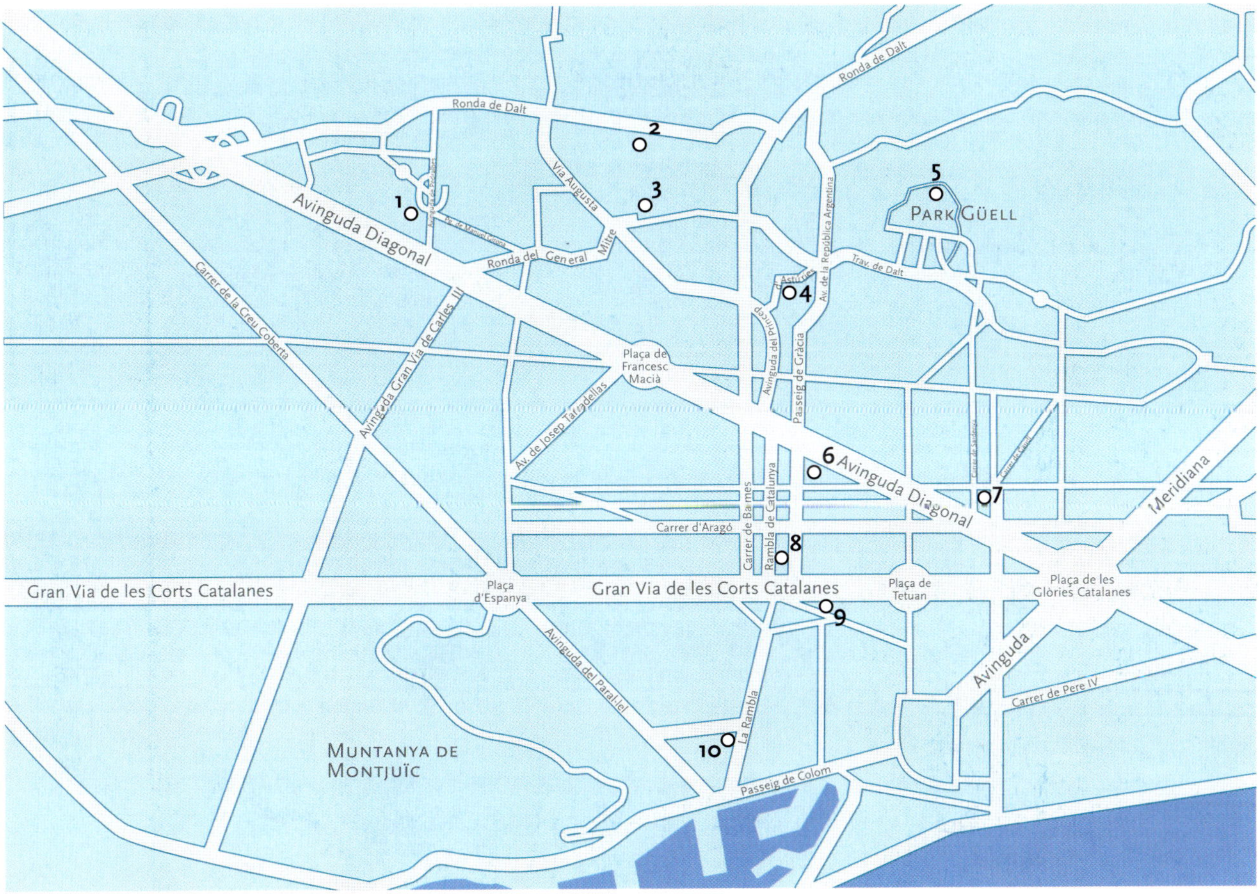

Barcelone

1. Avinguda de Pedralbes, 7
Finca Güell

2. Carrer Bellesguard, 16
Villa Bellesguard

3. Carrer Granduxer, 85
Col·legi de les Teresianes

4. Carrer de Les Carolines, 18–24
Casa Vicens

5. Carrer Olot
Parc Güell

6. Passeig de Gràcia, 92
Casa Milà

7. Plaça de la Sagrada Família
Sagrada Família / Escoles

8. Passeig de Gràcia, 43
Casa Batlló

9. Carrer Casp, 48
Casa Calvet

10. Carrer Nou de la Rambla, 3–5
Palau Güell

Bibliographie

► Antoni Gaudí (1852–1926). Catalogue d'exposition, Museum Villa Stuck (Munich, 1986), Fundació Caixa de Pensions, Barcelone, 1986.

► Bassegoda Nonell, Juan et Collins, George R.: The Designs and Drawings of Antonio Gaudí, Princeton University Press, New Jersey, 1983.

► Bergós i Massó, Joan (texte); Llimargas Casas, Marc (photographie): Gaudí: el hombre y la obra, Lunwerg Editores, Barcelone, 1999.

► Bonet, Jordi: L'últim Gaudí, Editorial Pòrtic, Barcelone, 2000.

► Crippa, Maria Antonietta (texte); Llimargas Casas, Marc (photographie): Gaudí. Demeures, parcs et jardins, Seuil, Paris, 2001.

► Crippa, Maria Antonietta; Bassegoda Nonell, Joan (eds.): Gaudí. Spazio e segni del sacro. Jaca Book, Milan, 2002.

► Flores, Carlos: Gaudí, Jujol y el modernismo catalán, (2 vols). Aguilar, Madrid, 1982.

► Giralt-Miracle, Daniel (ed.): Gaudí 2002. Miscelània. Planeta, Barcelone, 2002.

► Giralt-Miracle, Daniel (ed.): Gaudí. La búsqueda de la forma. Espacio, geometría, estructura y construcción, Lunwerg Editores, Barcelone, 2002.

► Güell, Xavier: Antoni Gaudí: obras y proyectos. Gustavo Gili, Barcelone, 1990.

► Montaner, Josep Maria: Barcelone. La ville et son architecture, Taschen, Cologne, 1997.

► Paris – Barcelone. De Gaudí à Miró. Catalogue d'exposition, Galeries Nationales du Grand Palais (Paris, 3.10.2001 – 14.01.2002), Réunions des Musées Nationaux, Paris, 2001.

► Permanyer, Lluís (texte); Levick, Melba (photographie): Gaudí of Barcelona. Rizzoli International Publications Inc., New York, 1998.

► Van Zandt, Eleanor: The life and works of Antoni Gaudí. Parragon Book Service Limited, Bristol, 1995.

► Zerbst, Rainer: Antoni Gaudí. Taschen, Cologne, 2002.

Crédits photographiques

► Arxiu Municipal Administratiu, Barcelone: 40 à droite.

► © F. Català-Roca, Barcelone: 11, 33, 35, 36, 38, 42, 46 en bas, 50, 69, 77, 82

► Arxiu Dr Comas, Barcelone: 88 en haut.

► George R. Collins et Joan Bassegoda Nonell, The Designs and Drawings of Antonio Gaudí, New Jersey, 1983: 54

► Firo Foto, Barcelone: 14, 76

► Carlos Flores, Gaudí, Jujol y el modernismo catalán, Madrid, 1982: 81 en bas

► © Fondation Le Corbusier, Paris: 79

► Peter Gössel, Brême: 48, 60 à gauche, 66 en bas

► © Reto Guntli, Zurich: 12, 16, 22 à droite, 52, 57 à gauche et à droite, 60 à droite, 61, 86 en haut, 89

► Institut Amatller d'Art Hispanique, Barcelone: 6, 9, 23 toutes, 26 à droite, 28, 29, 32 en bas, 56 à gauche et à droite, 62, 63 à droite, 64, 67, 74 en haut, 80, 85, 93

► Junta Constructora del Temple Expiatori de la Sagrada Família, Barcelone: 2, 7, 8, 10, 13, 44 en haut, 45, 55, 71, 78, 81 en haut, 83, 84, 86 en bas, 87, 88 en haut, 90

► Melba Levick: 18, 22 à gauche et au milieu, 27, 30, 32 en haut, 41, 46 en haut, 51, 59, 70, 72

► Nicole Kuhlmann, Brême: 15 en haut, 17, 21, 25, 31, 35, 39, 43, 49, 65

► Prima Propaganda, Brême: 94, 95

► Reial Càtedra Gaudí, Barcelone: 4, 19 en haut, 44 en bas, 47 en bas, 63 à gauche, 73 en haut à gauche, 91

► René Roland, Verrue: 15 en bas à gauche et en bas à droite, 20, 26 à gauche, 40 à gauche, 47 en haut, 74 en bas

► Jordi Sarrà, Barcelone: 58 en bas, 66 en haut, 68 en haut, 73 en haut à droite et en bas

► Swantje Schmidt, Brême: 19 en bas, 58 en haut, 75

► The Interior Archive, Foto: Fritz von der Schulenburg: 24

► Rainer Zerbst, Antoni Gaudí, Cologne, 1993: 68 en bas